ESBOÇOS
DE UM
TEMPO
PRESENTE

Copyright © 2016 by Rosane Borges
Todos os direitos reservados.

ISBN: 978-85-92736-03-3

Projeto gráfico (miolo e capa) e diagramação: BR75 texto | design | produção

Revisão: Fernanda Silva e Sousa

Texto revisado segundo o novo Acordo Ortográfico da Língua Portuguesa.

Proibida a reprodução, no todo, ou em parte, através de quaisquer meios.

Dados internacionais de catalogação na publicação (CIP)
Vagner Amaro CRB-7/5224

B732e	Borges, Rosane.
	     Esboços de um tempo presente/ Rosane Borges. – Rio de Janeiro: Malê, 2016.
	     144 p.; 23 cm.
	     ISBN 978-85-92736-03-3
	     1. Ensaio brasileiro. I. Título
	                                              CDD – B869.4

Índice para catálogo sistemático:
I. Ensaio: Literatura brasileira   B869.4

2016
Todos os direitos reservados à Malê Editora e Produtora Cultural Ltda.
www.editoramale.com.br
contato@editoramale.com.br

ESBOÇOS DE UM TEMPO PRESENTE
ROSANE BORGES

Sumário

Apresentação
Lições para uma renovação do jornalismo – Cleidiana Ramos — 7

Cultura e Política
Pokémon Go nos mostra a ânsia por desejos fugazes — 11

Brexit à brasileira: quando a barbárie se instala — 15

Ódio nas ruas, ódio nas redes: qual a conexão possível? — 19

Justiça, reconhecimento e desenvolvimento: — 28
o componente inflamável da política global contemporânea

Um (singelo) tributo a Luiz Gama — 33

Crônicas no limiar do poético: Baú de miudezas, sol e chuva — 37

Polifonias midiáticas
Oscar 2015 e o filme Selma: uma agenda de combate ao racismo e sexismo — 41

'Charlie Hebdo', Nigéria, Salvador… — 46

A performance das palavras e seus desdobramentos políticos: — 51
é possível dizer tudo nas redes sociais (ou fora delas)?

Sexo e as Negas: quais os regimes de visibilidade possíveis? — 56

Jornalismo, imagem e poder: repertório para as representações raciais — 64

Questões de gênero, racismos e afins
O traço e a marca de Luiza Bairros: — 73
um arquivo para o Dia Internacional da Mulher Negra

Racismo, crise, golpe: quando o futuro bate à porta — 77

Perfil de uma presidenta em 3D (descompensada, — 84
desiquilibrada, descontrolada): IstoÉ sexismo e misoginia!

Política, imaginário e representação: uma nova agenda para o século XXI? — 94

Agora é que são elas: pode a subalterna falar-escrever? — 101

"Quase todo mundo cabe nesta foto" — 106

Memória Lélia Gonzalez: 110
tributo que reativa o combate ao racismo e ao sexismo

Racismo, formas simbólicas e culturais: 114
zoo humano e black face, do arcaico ao residual

Sobre imagens intoleráveis: o episódio Verônica Bolina 120

Sombrinha de Angélica e pedagogia dos detalhes 123

Amor (afro) centrado: é possível nesses termos? 127

A beleza de Lupita Nyong'o e as bananas do Neymar: 131
deslizamentos ou deslocamentos discursivos em torno do racismo?

Entre o indizível e o narrável: 138
palavras possíveis para Yá Mukumbi, farol para as culturas negras

Apresentação
Lições para uma renovação do jornalismo

Cleidiana Ramos

Nos meus três anos de experiências no magistério em cursos de jornalismo, o que mais tenho repetido às alunas e alunos que cursam as disciplinas que ministro é que não há uma "crise do jornalismo", mas sim do modelo hegemônico seguido pelas empresas do setor. A oferta de informação via jornais, portais, rádio e TV baseada em "objetividade" e "padronização para o público x, y ou z"trouxe mais confusão, esgotamento de produtos e fim de postos de trabalho.

A chegada da Internet e a nova fase da revolução digital com o surgimento das redes sociais não é, a meu ver, o motivo para que as empresas que vivem dessa circulação de informação sigam tateando desesperadamente em busca das fórmulas que estanquem a sangria de público e de anunciantes. O problema central é a insistência nas práticas que não se sustentam, como a teimosia em ignorar a notícia reflexiva.

Tenho, agora, mais elementos para insistir nesse caminho de pensamento ao acessar *Esboços de um tempo presente*, coletânea de artigos de Rosane Borges. Seus textos divididos em três grupos temáticos- cultura e política, polifonias midiáticas e questões de gênero, raciais e afins – fazem emergir o quanto pode ser proveitosa para o público a escolha de uma jornalista em somar à sua experiência profissional as facetas de pesquisadora, analista e também militante de boas e universais causas.

Democracia, igualdade e caminhos para tornar a experiência humana mais gratificante individualmente e socialmente são questões que não podem ser negligenciadas em nenhum espaço profissional. E são elas que aparecem desde os textos em que a autora denuncia o racismo cotidiano como o que explica a paixão pelo jogo Pokemon Go.

Essa opção reflexiva deveria ser feita por todos os jornalistas. Não se constrói um texto de qualidade sem uma boa pesquisa que consegue levá-lo para além da junção de entrevistas com três ou quatro fontes diferentes. Não é isso que o faz profundo, mas o que ele é capaz de revelar nesse diálogo entre pessoas que pensam diferente e, por isso, soam, de certa forma, em direções opostas. Isso é riqueza de debate.

Quando um jornalista consegue se apresentar em seu texto, mesmo que discretamente como analista, a informação perde muitos dos seus ruídos. A militância, apresentada como negativa em outros tempos – em nome de uma pretensa objetividade, que não se sustenta, pois jornalistas são pessoas com todas as contradições do humano–, agora é cada vez mais necessária.

Em um mundo em que se confunde a cada minuto liberdade de expressão com "libertação para expor o ódio e preconceito", profissionais que se comprometeram a buscar encontrar as formas de "mediar" a informação em suas complexidades cada vez mais múltiplas não podem ficar omissos e calados. Seu partido ético deve ser o de defender princípios universais que garantam a dignidade do humano em suas diversidades culturais, ideológicas, linguísticas, de gênero, religiosas e tantas outras.

É por isso que tenho me questionado como jornais, revistas e o telejornalismo, no Brasil, têm optado por não investir em jornalistas reflexivos. Na contramão do que me parece lógico, o discurso persistente nas empresas de mídia no formato corporativo consiste na "objetividade". Mas esta, quando a olhamos mais de perto, com as armas da crítica aguçada, é na verdade, uma capa protetora para que interesses políticos, econômicos e de marketing, não necessariamente separados, mas cada vez mais intricados, prevaleçam.

Nessa coletânea, Rosane Borges mostra o quanto o jornalismo está perdendo em não apostar na profundidade sem perder a fluência e acessibilidade que é a sua marca característica. Aliás, esses artigos foram preparados exatamente para a *Web* e também desmontam outra "certeza" imposta por manuais ou tentativa de padronização de conteúdos das plataformas jornalísticas: "Internet é o terreno dos textos curtos, que são consumidos com rapidez". Essa equação não é assim tão exata.

Sabemos, inclusive por experiência própria, que mesmo os textos das mídias digitais nem sempre são consumidos em minutos ou que passamos ao largo daqueles que vão além das 30 linhas. Boas histórias quando são bem contadas nos seduzem sem importar muito o número de caracteres que as compõem. O que as plataformas digitais nos dão de bônus é a possibilidade de hipertexto, inclusive enriquecendo a leitura com informações adicionais que estão a um clique nos sistemas de pesquisa ou nos links que já compõem a narrativa.

Rosane Borges escreveu os textos dessa coletânea para portais e blogs como *Geledés, Áfricas, Justificando* e *Boitempo*, todos, portanto, em versão online na rede mundial de computadores. O sucesso que eles alcançaram permitem, agora, o acesso na plataforma impressa em uma boa convergência.

O fazer jornalístico reflexivo de Rosane Borges, portanto, nos dá as bases para imaginar como seria proveitoso ver de forma constante esse diálogo entre plataformas e saberes de variadas áreas combinados à forma de escrever consagrada em gêneros como a reportagem. Seria uma saída interessante para a crise do modelo midiático brasileiro.

O trabalho da autora também oferece uma boa reflexão para os que têm a missão de formar novos jornalistas sobre a necessidade de aliar o ensino da técnica e manejo de novas tecnologias à formação crítica. Aliás, ela tem atuado também como professora de universidades que oferecem formação em comunicação. Temos aqui um bom ponto de partida para incentivar os futuros jornalistas a optarem por se tornar também pesquisadores e ativistas dos bons combates.

Há ainda em *Esboços do Tempo Presente* outra lição preciosa: a mídia alternativa é um espaço para a boa informação. A busca por novas linguagens, formatos e inovação na sustentabilidade tem sido a batalha diária dessas plataformas o que prepara, talvez, uma nova revolução no mercado do jornalismo brasileiro. A de atualização, modernização e revelação de talentos como o de Rosane Borges, ainda bem, já começou.

> Cleidiana Ramos é jornalista, mestra em estudos
> étnicos e africanos, doutoranda em antropologia (FFCH/Ufba)
> e atualmente ensina nos cursos de jornalismo e propaganda
> e marketing da Faculdade 2 de Julho, em Salvador.

Cultura e Política

Pokémon Go nos mostra a ânsia por desejos fugazes

O que desponta do mundo dos games

Desde que foi distribuído, no início de julho, na América do Norte, em vários países da Europa, no Japão e em outras regiões da Ásia, *Pokémon Go* vem sendo alvo de uma torrente de anotações mundo afora. A alvissareira notícia do lançamento do jogo aqui no Brasil no último dia 3 deixou muita gente em estado de êxtase: "Finalmente! É hoje! Chegou o momento! Depois de tanto tempo de espera, semanas de ansiedade, toneladas de especulações e muita choradeira para que Pokémon Go viesse para o Brasil, agora é oficial: o game já está disponível nas lojas mobile do Android *e do iOS*", proclamou Vinicius Munhoz, do site Tecmundo.

Para quem esteve em coma ou em alguma expedição espacial nos últimos dias, *Pokemon Go* é um jogo gratuito para smartphones que funciona com base na realidade aumentada e se utiliza do GPS para inserir os monstrinhos da Nintendo no mundo real. Possui uma lógica semelhante a outros jogos da série – caçar, capturar e treinar todos os 151 pokémons – com a diferença que dessa vez os jogadores precisam sair dos seus espaços privados e andar a esmo pelas ruas para encontrar os bichinhos mais desejados do momento (ainda que esse deslocamento cause problemas de toda sorte: de acidentes a assaltos). O GPS avisa quando incautos jogadores estão próximos à localização de algum monstrinho e, assim, o aplicativo processa uma imagem virtual dos pokémons.

O jogo vem sendo considerado um fenômeno de massa que vai inaugurar uma nova era para a interface homem-máquina. Nada mais, nada menos, dizem especialistas, pois é um feito que ombreia com o lançamento do iPhone em 2007 (o telefone da Apple adotou a tecnologia da tela sensível ao toque). Exageros à parte, o joguinho figura como um divisor de águas e tornou-se o veículo de mudança do paradigma.

O frisson de Vinicius Munhoz e de tantos potenciais jogadores talvez revele, na mesma medida em que oculta, os motivos pelos quais *Pokémon Go* pode ser pensado para além das fronteiras da tecnologia de videogames. Não é de hoje que sabemos que as transformações no mundo da técnica têm envergadura antropológica, pois afetam as formas de organização do humano e possibilitam a emergência de novas experiências culturais. Com o joguinho-sensação, provavelmente o grande desafio não é caçar (e achar) monstrinhos, mas encontrar chaves de sentido para um acontecimento que nos leva a ajuizar sobre essas formas de organização e de experiências culturais que ele enseja.

Smartphones, eficácia e promessa

A sensação de conforto que um smartphone proporciona é sem par: no oceano de ofertas pulsantes, conseguimos tudo ou quase tudo que procuramos com um simples toque. Os aparelhos que nunca desligam estão sempre prontos para atender as nossas demandas, das comezinhas às inconfessáveis. *Pokémon Go*, no entanto, leva mais água ao moinho das necessidades ao inverter pobremente a lógica dos desejos: o jogo da Nitendo não só oferece o que desejamos, mas também nos diz imperativamente o que desejamos e demonstra possuir um saber sobre o nosso desejo.

Se é exagerado afirmar que *Pokémon Go* inaugura essa inversão, o fato é que ele a aprofunda. O gênio da brincadeira mora exatamente aí, em nos fazer crer que estamos no controle do jogo, quando, na verdade, nos submetemos a um desenho prévio dos nossos desejos. Não à toa, surgiram rapidamente análises de psicanalistas e marxistas destinadas a pensar nas chaves de sentido sobre as quais fiz referência acima. Para os primeiros, *Pokemon Go* equivale ao "objeto a", termo criado e difundido pelo psicanalista Lacan, que designa a forma com que nós, pobres mortais, buscamos, infatigavelmente, nos pequenos objetos a completude jamais alcançada; são objetos que nos fascinam, almejamos tocá-los, possuí-los, porém, são ilusórios porque a promessa de felicidade para a qual acenam fenece quando nos damos conta de que são parciais e precários. E, assim, de procura em procura, vamos nos detendo no próximo objeto da vez. Na sua prodigiosa capacidade de quase tudo colonizar, o capitalismo sempre acaba triunfando exatamente por investir maciçamente na nossa condição de sujeitos faltantes, porque desejantes.

Para as análises de marxistas, *Pokémon Go* comporta algo que deve interessar à luta anticapitalista, à esquerda, conforme lembra Sam Kriss. Ao inserir uma camada de fantasia (a presença dos bonequinhos) sobreposta ao mundo real, o jogo projeta um outro mundo, "um dos lemas revolucionários que mais reverberou nos últimos tempos", lembra Kriss.

Mas, a rigor, *Pokémon Go* está longe de conseguir essa façanha. O mundo edulcorado que projeta esbarra no mundo como ele é, o mundo em sua vida nua, em seu estado bruto, com suas clivagens de raça, de classe, de gênero, com seus sempre iminentes perigos (o fato de os jogadores serem vítimas de assaltos, acidentes, perseguições é prova cabal da incongruência desses mundos). O mundo do *Pokémon Go*, que se aloja no nosso, malogra na tarefa de operar "uma passagem de uma experiência alienada para uma de liberdade". O relato do jovem negro Omari Akil demonstra como as realidades que se encontram no jogo não se fundem. Para Akil, o brinquedo é potencialmente perigoso para homens negros, que são com frequência perseguidos nos espaços públicos. Para ele, um jogador negro que fica perambulando em territórios brancos pode ser visto como um suspeito, o que pode custar sua vida.

O jogo, o desejo e a falta

Se a vida pode ser comparada a um jogo, *Pokémon Go* nos conduz na busca de motivos subterrâneos pelos quais os jogos nos atraem. Para o psicanalista Alain Didier-Weill, entramos com muita facilidade no mundo da brincadeira porque o jogo da vida é composto por regras insondáveis. Ao contrário do jogo de xadrez, que possui regras cristalinas e podemos até antecipar as jogadas, Didier-Weill vai dizer que na vida "jogamos um jogo do qual não conhecemos perfeitamente o código. A grande diferença é que, na vida, há dois parceiros (o inquisidor, o supereu e o herético), que obedecem a duas palavras de ordem absolutamente opostas. Contudo, não é como no jogo de xadrez – o branco e o preto – porque na vida esses dois adversários podem ser dissimulados, escondidos, um pelo outro".

No jogo da vida, infelizmente, o inquisidor acaba vencendo porque preferimos o comando do supereu, a instância que imperativamente nos leva a obedecer, em virtude do horror de sermos questionados. A esse respeito avalia Sam Kriss:

> Para o jogador de *Pokémon Go*, a injunção é de obedecer. Verdadeiros corpos humanos são domados e manobrados por iscas virtuais que pipocam por aí: comércios podem comprar itens do jogo que atrairão possíveis consumidores para seus estabelecimentos; o Estado talvez possa até acalmar um levante espalhando centenas de Pokémons raros longe da avenida ou praça central. Se quiserem, os criadores do jogo poderiam induzir pessoas a pularem de penhascos, vaguearem pelos trilhos de trem, ou a se meterem em incêndios.

Pokémon Go parece confirmar que a pobreza de imaginário explica muitas de nossas escolhas enquanto coletividade. Se a fantasia sustenta o desejo, o sujeito esvaziado de fantasia é um sujeito débil para a produção de laço social. O jogo que vem riscando o planeta parece exercer o papel de suplente dessa pobreza de imaginário (para usar uma expressão de Maria Rita Kehl), apontando para o vazio de utopias que atravessa a política, vazio que se vê preenchido por um acúmulo de utopias (ou de distopias) provenientes do mundo tecnológico.

Já que é uma realidade irreversível, resta-nos tentar extrair da lógica de funcionamento do *Pokémon Go* alguns fios de explicação para a compreensão do tempo presente, marcado por perigos e dificuldades que se acumulam cotidianamente. Se a política não pode se encerrar apenas na arte do possível, é necessário que ela não abra mão do seu espírito utópico. A heresia, que comporta uma das faces do jogo da vida, que é capaz de enfrentar o inquisidor, o supereu, como nos ensina Didier-Weill, deve ser um princípio essencial para nos guiar nesses dias turbulentos, de modo que possamos enfrentar o inquisidor que está em nós e construir novos elos de sentido para a Política. Sem esses novos elos, a miséria do projeto "Escola sem Partido", no Brasil, e a aberração denominada Donald Trump, nos Estados Unidos, também podem ser postas no balaio daquilo que empobrece o imaginário e esvazia as formas narrativas que embasam uma ação política emancipadora. Na condição de sujeitos faltantes, desejemos mais, sejamos heréticos!

Brexit à brasileira: quando a barbárie se instala

Num cenário desbussolado, onde, progressivamente, ganham terreno diagnósticos que apontam o revés civilizatório pelo qual o mundo atravessa, o adeus do Reino Unido à União Europeia deixou o horizonte ainda mais plúmbeo. Entre atônitos e inconformados, os britânicos e a comunidade internacional reagiram ao resultado do referendo embalados por um tom funesto, buscando dimensionar os impactos de uma vitória inesperada para o *establishment*. Uma derrota que afetou o coração da política de David Cameron,[1] o único líder europeu reeleito que se firmou como um homem habilidoso para transpor crises. Mas não dessa vez.

Reagindo às pressões de parlamentares de seu partido e de membros do UKIP (Partido pela Independência do Reino Unido), o primeiro-ministro britânico prometeu em 2013 que faria a consulta caso vencesse as eleições gerais de 2015. Esses parlamentares e o UKIP insistiram que os britânicos não tiveram a oportunidade de se pronunciar em 1975, ano em que foi decidida a permanência do Reino Unido no bloco. Excetuando londrinos e escoceses, pessoas mais velhas e habitantes do interior optaram pelo *Brexit*, ao passo que os jovens apoiaram maciçamente o *Remain* (a permanência na União Europeia).

O resultado da votação ganhou um sabor ainda mais amargo por conta dos motivos que o impulsionaram: um voto *antiestablishment*, antiglobalização e anti-imigração. O ex-ministro da Educação (*sic*), Michael Gove, fez inflamada campanha pró-saída, insuflando o povo britânico a escolher entre a permanência e a saída de acordo com o "coração e os próprios julgamentos". Para Grove, as pessoas tinham que desconsiderar as orientações de líderes sindicais, dos empreendedores britânicos, de Barack Obama e das mentes pensantes do mundo. "O povo deste país está farto dos especialistas", arrematou Gove. A anomalia chamada Donald Trump, fazendo coro à decisão dos britânicos, subscreveu as declarações do ex-ministro da Educação e avaliou o resultado como algo "realmente fantástico", uma prova evidente de que as pessoas estão "cansadas do mundo inteiro" (Se é bom para Trump, não é bom para o mundo). Até a Holanda, conhecida pelo respeito à diversidade, se rendeu aos partidos xenófobos, adotando o medo contra qualquer coisa que venha de fora, especialmente dos mulçumanos.

---

[1] David Cameron anunciou sua renúncia ao posto após a **aprovação da saída do Reino Unido da União Europeia**. No seu lugar, assumirá a ministra do Interior, Theresa May, que é a primeira mulher a assumir o posto de primeira-ministra do Reino Unido desde **Margaret Thatcher**.

A rebeldia de Londres e Escócia (pelo que se viu o povo londrino e escocês votou com a cabeça) tem razões que se enraízam historicamente: os londrinos habitam a cidade mais cosmopolita do mundo, convivem diuturnamente com estrangeiros e já aprenderam que as "pessoas de fora" são importantes para o dinamismo da economia local e são tão humanas quanto eles. Os escoceses, por sua vez, gozam de um sistema educacional estatal superior ao inglês e, desde crianças, rechaçam sentimentos xenófobos (a Escócia recebeu uma quantidade expressiva de imigrantes nos últimos anos). Recuperando a frase de Deleuze, com a qual simpatizo muitíssimo: "é preciso pensar em tempos difíceis", em ambos os casos, como se vê, a educação foi fundamental para uma tomada de posição mais equilibrada, o que nos faz relembrar outra frase, desta feita do filósofo Theodor Adorno: "a tese que gostaria de discutir é a de que desbarbarizar tornou-se a questão mais urgente da educação hoje em dia. O problema que se impõe nesta medida é saber se por meio da educação pode-se transformar algo de decisivo em relação à barbárie. (...) Considero *tão urgente impedir isto que eu reordenaria todos os outros objetivos educ*acionais por esta prioridade".

Nacionalismo, xenofobia e racismo:
capital da política contemporânea
O pensador francês, Thomas Piketty, autor do clássico *O capitalismo no século XXI*, disse recentemente, em entrevista, que, em tempos de extremas desigualdades, o nacionalismo e a xenofobia são saídas fáceis, porém, trágicas, para a humanidade: "Parece que ninguém tinha se preparado para o Brexit. Temos a sensação de que, passada uma semana, todo mundo ainda navega sem instrumentos. Apesar de tudo, é preciso reconstituir a esperança de poder construir algo novo a partir desse desastre".

Mas o que nós, brasileiros (as), temos a ver com isso? Para além de "perder contrapeso às políticas agrícolas ultra-protecionistas europeias, que afetam negativamente nossas exportações do agronegócio", como avaliam os especialistas, o Brasil mergulha numa crise que se apoia em fundamentos semelhantes aos que deram força à saída britânica da UE. Mais do que reflexos do referendo em nosso cotidiano, talvez possamos pensar num "Brexit à brasileira". Brincadeiras à parte, a expressão carrega algo aplicável às terras tupiniquins: BR (de Brasil) conjugado com uma legislação que dá adeus às conquistas de mulheres, negros, indígenas, gays, lésbicas e trans (antes do golpe, a Câmara dos Deputados retirou os termos "incorporação da perspectiva de gênero" do contexto das atribuições do ainda existente Ministério das Mulheres, da Igualdade Racial, da Juventude e dos Direitos Humanos. A

Câmara de Vereadores de Nova Iguaçu sancionou lei que veda a distribuição e divulgação de material didático que apresente orientações sobre diversidade sexual, coibindo o combate à homofobia, à transfobia e a ampliação dos direitos de lésbicas, gays e trans).

De fato, acontecimentos recentes são uma mostra bem-acabada da vitória parcial do Brexit à brasileira. A ideia estapafúrdia, para dizer o mínimo, da Escola Sem Partido[2] junta-se não só aos casos acima mencionados, como também é parte deles. No último dia 8 de julho, Michel Temer recebeu uma delegação de lideranças evangélicas para discutir "o combate à ideologia de gênero" e "a defesa da família" (a mesma que os nobres deputados defenderam na votação do *impeachment*). O presidente garantiu que levará a pauta para o ministro da Educação, dando a entender que o pedido será atendido: "o presidente nos recebeu e foi inteiramente solícito com as nossas reivindicações. Acreditamos que vamos ter êxito", disse, todo pimpão, o bispo Robson Rodovalho, presidente da Confederação dos Conselhos de Pastores e Evangélicos do Brasil (Concepab).

Se estacionarmos um pouco mais no projeto Escola Sem Partido (ESP), veremos o quanto a barbárie avança assustadoramente, pois o que se molda no ESP é o confisco da pluralidade, o sequestro da crítica, o rebaixamento do papel do docente, enfim, é a morte do Outro. A polaridade ideológica alcança o epicentro das escolas brasileiras para reafirmar o jogo de interesses em que diferentes visões de mundo são asfixiadas em prol de um país monocultural, orientado por perspectivas que sustentam e legitimam racismos, sexismos, lesbofobia, transfobia...

Tachar o discurso plural (o que traz para a escola novos primas, outras histórias, outras atrizes e atores) como partidário é recorrer à velha operação que traça linhas divisórias entre o que é digno de ser chamado de conhecimento e o que deve ser tachado de ideologia, como se os dois pudessem ser diluídos. A própria noção latina de educação ("educar é orientar para o mundo") desautoriza o desenho desse traçado. Deleuze já diria que todo enunciado funciona como palavra de ordem, mesmo que nenhuma ordem tenha sido dada, "pois opera como direcionamento, num processo educativo, a tomadas de posição e obrigações sociais". Da educação infantil ao ensino superior, somos orientados acerca do certo e do errado, melhor e pior, belo e feio, normal e desviante, adequado e inadequado, próprio e impróprio. Se isso não é tomar partido, que seja inventado um novo léxico.

---

[2] O Escola Sem Partido foi criado há 12 anos por um pai indignado com o professor de história da filha e vem ganhando força com a criação de Projetos de Lei nas Assembleias Legislativas estaduais e na Câmara Federal.

Essa morte simbólica do Outro, implícita no projeto Escola Sem Partido, se converte em morte real. Vivemos escapando de padrões civilizatórios há muito tempo. O Brexit à brasileira pode ser dimensionado nas altas taxas de homicídio da juventude negra, na extinção das etnias indígenas, nas mortes aos borbotões das mulheres negras (o Mapa da Violência de 2015 apontou um aumento de 54% em dez anos no número de homicídios de mulheres negras, passando de 1.864, em 2003, para 2.875, em 2013. No mesmo período, a quantidade anual de homicídios de mulheres brancas caiu 9,8%, saindo de 1.747 em 2003 para 1.576 em 2013).

Muito foi dito que o referendo do Reino Unido ocorreu num momento em que os jovens estavam distraídos. A votação ocorreu em pleno Festival de Glastonbury, o mais famoso e lendário evento de *rock* britânico, que contou com a presença de 180.000 pessoas, a maioria jovens, que se divertia coberta com as bandeiras da UE. Num momento em que o espaço público brasileiro se converteu em nitroglicerina pura, é preciso brecar esse processo de saída do Brasil dos padrões civilizatórios (o nosso Brexit) antes que aquela advertência dos animadores de circo – "Não tente fazer isso em casa" – ecoe tarde demais, como aconteceu no caso britânico.

Ódio nas ruas, ódio nas redes: qual a conexão possível?

> *O ódio já causou diversos problemas para o mundo, mas não resolveu nenhum.*
> Maya Angelou

> *A tese que gostaria de discutir é a de que desbarbarizar tornou-se a questão mais urgente da educação hoje em dia. O problema que se impõe nesta medida é saber se por meio da educação pode-se transformar algo de decisivo em relação à barbárie. (...) Considero tão urgente impedir isto que eu reordenaria todos os outros objetivos educacionais por esta prioridade.*
> Theodor Adorno

Daquilo que nos ameaça

Não é preciso nenhum esforço de reportagem, como se diz no meio jornalístico, para se perceber que a suspensão da civilidade, a inabilidade para o diálogo, as discussões que se movem ao sabor de escaramuças intermináveis tornaram-se marcas registradas dos dias que correm. Frente a este argumento, sérias objeções poderão ser levantadas, considerando que a insolência e a agressão verbal não são matérias-primas exclusivas do debate público de nossa era. Deslocando nosso olhar para outros tempos, veremos, por exemplo, que um longo cortejo de acusações diárias alimentou o jornalismo do século XIX. Lima Barreto, um flâneur de ocasião, um leitor da vida social na aurora do século XX, não nos deixa mentir. Em *Recordações do escrivão Isaias Caminha*, ele diz: "foi sempre coisa que me surpreendeu ver que amigos, homens que se abraçavam efusivamente, com as maiores mostras de amigos, vinham ao jornal denunciar-se uns aos outros. Nisso é que se alicerçou o O Globo; foi nessa divisão infinitesimal de interesses, em uma forte diminuição de todos os laços morais (...)". Mas há algo, como veremos, que separa e distingue os ataques de ontem dos de hoje. Permaneçamos no encalço do nosso ponto de partida. O que fazer, o que pensar, como reagir, que rumo tomar diante de tanto ódio e virulência? – questionamos entre atônitos e impotentes. O filósofo Gilles Deleuze já teria dito que se é obrigado a pensar em tempos difíceis, e "que só se pensa porque se é forçado". E ninguém põe em dúvida que estamos vivendo tempos difíceis.

Para Deleuze, quando forças do ambiente em que vivemos formam novas combinações, desenhando diferentes cenários em relação aos que conhecíamos e nos quais transitávamos, é aí que o mal-estar se instala e provoca a reflexão. Fora do enquadramento habitual do mundo em curso, é preciso, tal como fotógrafas (os), obter foco adequado para restabelecer a paisagem em nova moldura ou até mesmo constituir uma nova. O pensamento, para o autor, está a serviço da vida em sua potência criadora.

Na busca de novos mapas que nos guiem em nossa jornada, arriscamos alguns diagnósticos. Ouvimos aqui e ali, em padarias, academias de ginástica, estações de metrô, consultórios médicos e em nossas próprias casas avaliações que procuram compreender a dinâmica dos fatores que se retroalimentam e oferecem o combustível para que o espaço público esteja em estado abrasivo permanente.

Este artigo, uma tentativa de encontrar um foco, faz uso de algumas lentes para examinar, parcialmente, o cartão postal de nossos tempos. Ao modo de fotógrafas, procuramos captar momentos parciais de um fenômeno que deita raízes em diferentes tempos e lugares. São lances de reflexão, um esforço, uma torção do pensamento que só podem ser vistos como uma escrita que opera sob rasura, expressão herdada do teórico jamaicano, Stuart Hall, um dos fundadores dos estudos culturais, para quem a rasura possui inegável importância política.

Lance 1: Da grande política à pequena política

No grande quadro, as avaliações mais recorrentes sobre o estado da arte (em que o ódio e a indiferença compõem um cenário nebuloso) apontam que as questões que envolvem a coletividade e a grande política cederam, já faz tempo, para a pequena política. Tal transição, que ocorreu em escala planetária, seria fruto de mudanças nas relações de produção infraestruturais, abrindo espaço para toda sorte de rearranjos institucionais, de novas acomodações das subjetividades, de outros códigos sociais. Dizer isso, no entanto, não é o suficiente para alcançarmos as particularidades desses "tempos difíceis". Sigamos, portanto.

Como se sabe, a ciência e a técnica "enformaram" a totalidade da vida. Nesse ambiente, instalou-se um irrevogável descompasso, um paradoxo. Pensadoras e pensadores de diversas latitudes, gestoras (es) do social e ativistas das diversas procedências ajuízam que não estamos sabendo "criar uma política, uma moral, um conjunto de ideias que estejam em harmonia com os modos de vida que nós mesmos concebemos" (Novaes, 2015). Precisamos, dizem elas (es), de um novo contrato, de onde possam emergir uma nova política, novas formas morais, novas mentalidades, novas sensibilidades...

Insiste-se, com frequência, que, no contexto de mudança cultural contemporânea, o mundo se encontra desbussolado. As âncoras que faziam laço social se enfraquecem, se dilatam, até não fazerem mais sentido. O desencantamento do mundo (disso já se ocupou grande parte da filosofia e das ciências sociais) provocou a erosão das grandes narrativas que, apoiadas na noção de progresso, formataram as trilhas da Grande Promessa que funda o projeto moderno: a destituição de Deus e a assunção do homem, ao centro, no novo receituário da crença universal.

A ciência iluminista é a fiadora desse intento, acenando com feitos até então inalcançáveis, responsáveis por garantir a felicidade e o bem-estar de todos. Fazendo apelo à expressão da moda: só que não! A promessa não foi cumprida conforme o figurino iluminista e logo se anunciou a decomposição da figura humana, o que provocou desarranjos que nos levaram a flertar e, mais do que isso, a pactuar com a barbárie. Desidratada, sem musculatura para levar adiante os anseios dos "novos sujeitos", a propaganda iluminista reduziu-se à eficiência técnica, garantindo mais e mais poderio ao capital. As duas guerras mundiais são os exemplos mais eloquentes dessa desilusão: definiram o século XX, ofertando à humanidade uma representação de si mesma tida como superada pelo ideário edulcorado da vida moderna. Desafortunadamente, tivemos que encarar o fato de que a barbárie não se encontra nos dejetos da história humana, depositados seguramente em um tempo e lugar remotos, mas constitui uma presença altissonante que torna odioso o rosto do outro nos nossos tempos, no aqui e agora. Desdobrando a epígrafe do filósofo Theodor Adorno, que principia este artigo junto com a epígrafe da feminista negra, intelectual e poeta, Maya Angelou, explicitamos o conceito de barbárie que fundamenta as considerações aqui tecidas:

> (...) Entendo por barbárie algo muito simples, ou seja, que estando na civilização do mais alto desenvolvimento tecnológico, as pessoas se encontram atrasadas de um modo particularmente disforme em relação a sua própria civilização e não apenas por não terem em sua arrasadora maioria experimentado a formação nos termos correspondentes ao conceito de civilização, mas também por se encontrarem tomadas por uma agressividade primitiva, um ódio primitivo ou, na terminologia culta, um impulso de destruição que contribui para aumentar ainda mais o perigo de que toda esta civilização venha a explodir, aliás uma tendência imanente que a caracteriza (....) (Adorno, 1967).

Mas onde mora o perigo que tanto preocupou Adorno e vem nos tirando o sono? Por que ele é uma constante em nossas vidas, nos projetos políticos que se desenham no horizonte da história?

As perguntas comportam várias possibilidades de resposta. Aqui irei me ater à aventura da modernidade, pois considero que, onde cintilou a esperança de um mundo novo, foi onde também começaram a ruir os pilares de uma nova era, supostamente emancipada pela razão, pela ciência e pela técnica.

Lance 2: A promessa nunca cumprida – de sujeitos a indivíduos
Das grandes promessas (um mundo em que a ciência e a técnica pudessem assegurar o bem-estar de todos, associada à razoabilidade humana, cujo papel seria orquestrar as mudanças com vistas à emancipação) às pequenas promessas não cumpridas (fixemo-nos em exemplos domésticos: a retração das políticas de inclusão via consumo nos governos petistas, mudanças contingenciais no curso das conquistas de frações da população brasileira, que passam a querer mais num cenário da política nacional-desenvolvimentista em patente dificuldade) acumulam-se decepções, estados disfóricos, sombrios.

Impiedosamente, alguém tem que ser culpado (e não responsabilizado). Atiramos pedras reais e metafóricas no governo federal de plantão a quem delegamos o papel de tudo resolver, inclusive questões que são da jurisprudência e alcance de governos estaduais e municipais. Vociferamos, xingamos. Atribuímos à presidenta o dolo pelos malogros dos quais somos ou supomos ser vítimas. Insatisfeitos, proferimos insultos sexistas, destituidores, impronunciáveis, impublicáveis... Em pleno Rock in Rio, a quem culpamos quando inesperadamente ocorre uma pane elétrica no tão esperado show da banda Metallica? Prova da insanidade e da má-fé (para não descermos na qualificação) que acomete porções significativas do tecido social brasileiro.

O escritor Octavio Paz nos fala de uma desorientação contemporânea, em que há um esvaziamento do futuro, fruto da falta de crenças persuasivas capazes de fornecer referências para pensarmos no presente e ainda mais no futuro. Do campo da arte auscultamos comentários que dizem que no século XX os espelhos voaram em pedaços, negando ao Eu qualquer abrigo seguro, o que se acentuou no XXI (Freud alertou: "o Eu não é mais senhor em sua própria casa"). Uma reação perversa dessa ferida narcísica é sentida dramaticamente na saga da imigração africana e árabe nesses últimos meses. Como se fosse uma partida de futebol, estabelecemos uma linha divisória entre nós e eles para o caso em questão; bradamos, reclamamos e fazemos uso de comentários que rebaixam o estatuto do outro. A capa de chauvinistas raivosos não nos constrange a tal ponto de tentarmos a morte real desse outro que nos ameaça em "nossa própria casa" (alguns haitianos sofreram atentado em São Paulo).

Recuperando Deleuze, nesses momentos impõe-se a correção de rota. Mas é exatamente nas escolhas e decisões destinadas a favorecer as mudanças desejadas que mora o perigo. Tentando escapar do vácuo que as promessas da modernidade instalaram, decidimos apostar no indivíduo. Na ausência da grande política, fomos levados a crer que, enquanto indivíduos, desprovidos de um projeto coletivo, poderíamos nos emancipar e construir as bases para um mundo melhor. O neoliberalismo, numa lufada adicional de oxigênio, reforçou essa ideia. A era pós-industrial, a era dos serviços, do trabalho imaterial, em que o conhecimento seria a base de tudo, insistiu na propaganda, também enganosa, de que somos empreendedores de nós mesmos, autônomos e independentes. O conto da carochinha teve aderência imediata, mas já rolou ladeira abaixo.

A fragmentação da experiência e a dissolução do sujeito parecem ser o sintoma mais espesso do mal-estar generalizado. Para Marc Augé, o grande paradoxo, a nossa grande ironia, é que, em tempos de dissolução do sujeito (substituímos o sujeito pelo indivíduo), vivemos "um excesso de ego". A perda da crença da "salvação" via coletividade nos motivou a investir no ideário de que somos seres capazes de resolver problemas, sem ter que enfrentar a Política em sua complexidade. Saímos por aí a decretar descrença nas ações coletivas, em nos resignar no hedonismo, na busca de felicidade e realização a partir das nossas próprias "competências". Eis um cenário propício, capaz de articular o discurso de ódio.

Aprendemos, a duras penas, que a frágil e violenta condição humana por si só não possui estatura para oferecer as bases da emancipação social. Até onde a tradição política nos permite enxergar, deve-se desconfiar, para dizer o mínimo, de uma sociedade que abre mão de pensar coletivamente. Em vídeo que correu nas redes sociais recentemente, a escritora senegalesa Fatou Diome é certeira em suas avaliações sobre o problema da imigração. Vivendo em Paris há 13 anos, Diome dispara, numa entrevista televisiva: "Chega de hipocrisia, vamos crescer juntos ou afundar juntos". Como se costuma dizer nas redes sociais, Fatou Diome lacrou! Sem pensar o coletivo, coletivamente fracassamos, pois todo projeto de emancipação humana encontra-se nesse processo doloroso de nos pensarmos mutuamente. Nos discursos de ódio, esse outro é sempre ameaça (os imigrantes serão a ruína inescapável da Europa [mas não esqueçamos que Achille Mbembe chamou atenção para o fato de que a Europa não é mais o centro do mundo]; os haitianos são um indício de desagregação nas relações de trabalho no Brasil; os árabes e africanos iriam provocar sérios riscos para a governança global, e por aí vai). Ameaças, gritam ruidosamente alguns, se combate. E o combate preenche o mundo das trocas comunicacionais em voga, com as redes sociais à frente.

Lance 3: A tecnologia como sintoma

A odiolândia, como as redes sociais vêm sendo chamadas, principalmente o Facebook (FB), é um território em que podemos sentir o império do Eu, o excesso de ego, sob diversos aspectos. Destaco, por brevidade, dois que se combinam e se interconectam: 1) o predomínio da opinião; 2) o fluxo ininterrupto de informações sobre a vida privada.

Opinião em excesso, ao invés de reflexão, é um bom termômetro para se pensar nesse eu consciente (tão discutido pela psicanálise) que se acha senhor absoluto do que diz, emitindo de maneira vertiginosa certezas graníticas. Geralmente, na terra do FB, falta mediação pela reflexão, pela informação abalizada, pela dúvida. E quando falo em reflexão, não estou me referindo à tarefa acadêmica, ao exercício intelectual stricto sensu, mas à experiência do pensamento que é capaz de operar as mudanças.

No que diz respeito ao segundo aspecto, redireciono um trecho de um artigo que escrevi para a Revista da Associação Brasileira de Pesquisadores (as) Negros (as) (ABPN), a ser publicado no mês que vem, em outubro: "Ligados em um circuito de contatos permanentemente ativado, mergulhamos profundamente no oceano de informações da sociedade transparente, acrescentando ao gigantesco banco de dados imagens particulares, que atendem graciosamente ao culto personalista, à visibilidade incessante. Tornar-se opaco, num mundo como esse, é decretar a própria morte, reza a cartilha da hiperexposição. As redes sociais ilustram essa sede por mais e mais visibilidade: somos levados a publicar uma enxurrada de informações na plataforma que não cessa, nem dorme, onde tudo jorra em fluxo contínuo. Nesse palco em que as cortinas não se fecham, falamos prodigiosamente das nossas vidas privadas: à nossa frente desfilam diários pessoais, declarações amorosas, discursos enviesados endereçados a antagonistas, exposição do nosso estado de humor, psicologia ingênua e barata sobre a vida em suas múltiplas dimensões..." (Borges, Rosane. Revista da ABPN, outubro/2015).

Segundo o pensador Muniz Sodré, "a selfie é só um pequeno índice dessa possibilidade infinita de reprodução no espelho em que, a pretexto de uma conexão com o outro, o indivíduo desfruta de si mesmo como um átomo isolado numa paisagem social de seres nômades ou dispersos". Ainda segundo ele, "vale atentar para a espetacularização ou gozo de estar-no-mundo em que o sujeito parece existir apenas quando reproduzido no espelho, à espera de uma conexão". Frise-se: o espelho em que o indivíduo se vê não comporta a projeção do outro. Há uma perversa subversão do princípio de identificação, desenhado pela psicanálise, em que o Eu se faz no Outro.

Ouvimos, com certa assiduidade, que o ódio e a intolerância que escorrem do ambiente telânico (parte expressiva das nossas vidas se tece frentes às telas – de computadores, celulares, TV, *tablets*) só são possíveis porque o (a) agressor (a) acredita que a Internet é um espaço sem regulação, terra sem-lei e que, por ser protegido pela distância física, vitupera – o que nem sempre é possível em diálogo face a face. Falta coragem. Insisto que esse dado deve ser lido como o efeito de um fenômeno que se enraíza em questões mais fundas. As agressões nos espaços materiais e digitais não se movem em compassos e tempos distintos. Para além da covardia e da performance do nosso contexto comunicacional, onde podemos ser autoras (es) de uma quantidade colossal de textos (já somos chamadas[os] de *prossumer*, um misto de produtores e consumidores de informação), as diversas realidades que experimentamos respondem ao princípio do excesso de ego, de uma sociedade que tenta desesperadamente equacionar seus problemas sem espelhamento do outro, sem recorrer à grande política, onde vozes individuais, muitas vezes desprovidas de densidade, ganham amplitude para preencher o espaço público cada vez mais desértico. Não é à toa que os termos celebridade e liderança política tendem a se fundir em tempos de supremacia do Eu.

Ora, há muito sabemos que o narcisista não conhece alteridade. Encapsulado nas suas próprias referências, carrega a seguinte certeza: tudo que me leva para além de mim me faz sofrer, porque me leva a pensar, a me firmar como um sujeito relacional. O narcisista labora para criar cascas inquebrantáveis. E, quando ela se quebra, ele imediatamente vocifera, rosna, ofende, grita, sai dando canelada.

O que isso tem, afinal, com a destilação do ódio nos nossos dias? Tudo e um pouco mais. O reconhecimento do outro não é meramente uma questão de cortesia, como já observou as (os) entendidas (os) no assunto. Trata-se de uma operação fundamental para que sejamos plenos, afinal, o Eu é um Outro. O que fazemos com o fragmento poético de Gonzaguinha, que diz que "o homem é lição de outros homens", num tempo em que não ouvimos, nos mantemos na casca, na bolha, achando que dali gerenciamos as nossas vidas e o mundo?

Na escuta do contemporâneo, sentimos e pressentimos, como os hipocondríacos, que coisas estão por vir. E nada nos autoriza a avaliá-las como positivas. Esta sombra pesada, este perigo do qual nos falou Adorno, nos força a tirar lições do passado, pois, como disse Maya Angelou, o ódio, como categoria política, não nos leva a lugar nenhum, não oferece nenhum recurso para a solução dos nossos problemas. Estacionar nesse expediente pode nos levar para uma situação (ainda mais) limite, em que o outro, reputado como indesejável, como escória, terá de se insurgir (ainda mais também) de forma orquestrada em escala mundial. A propósito, o deputado federal Jair Bolsonaro, em entrevista recente, se referiu aos imigrantes no Brasil como escória do mundo. Indagado sobre o assunto, o "nobre" deputado responde do alto de seu "compromisso com a causa coletiva": "Não sei qual é a adesão dos comandantes, mas, caso venham reduzir o efetivo [das Forças Armadas] é menos gente nas ruas para fazer frente aos marginais do MST, dos haitianos, senegaleses, bolivianos e tudo que é escória do mundo e, agora, estão chegando os sírios também. A escória do mundo está chegando ao Brasil como se nós não tivéssemos problema demais para resolver", declarou.

Não bastasse isso, ficamos sabendo que outros "nobres" indivíduos estão se organizando para fazer frente às ditas gangues que promovem roubos e arrastões no Rio (como sabemos, há controvérsias no enredo oficial). Um desses grupos, chamado de Justiceiros de Copacabana, é composto por lutadores de artes marciais. Eles argumentam que, já que o Estado não cumpre sua parte na proteção dos "cidadãos de bem", eles estão se organizando para garantir essa proteção por conta própria, numa comprovação mais que explícita do poder ilusório dos indivíduos, uma espécie de justiça vicária, em detrimento da ação do Estado. Ao invés de pensarmos no princípio de responsabilidade, optamos pelo sentimento da culpa; ao invés de adotarmos o coletivo como um princípio absoluto para a política, atalhamos pelos caminhos tortuosos das decisões individuais; ao invés de fincarmos pé em nome da justiça, preferimos o triunfo da vingança.

Lance 4:
É preciso (re) organizar a história nos momentos de perigo
À medida que este artigo se aproxima do "fim" (há que se colocar um ponto de suspensão e não final), o poema "Tempo", de Drummond de Andrade, repercute sonoramente dentro de mim: "Esse tempo de partido/ tempo de homens partidos. Visito os fatos, não te encontro. Calo-me, espero, decifro/ As coisas talvez melhorem".

Provavelmente, é esse o nosso tempo que se desenrola no plural. Tempos fraturados, partidos, que se oferecem ao deciframento, ainda que sob rasura. Não é mera coincidência que o pensador italiano Giorgio Agamben tenha a mesma impressão do contemporâneo que teve Drummond. Segundo Agamben, "o dorso do contemporâneo está fraturado e nós nos mantemos exatamente no ponto da fratura". Toda fratura requer reabilitação, sem a qual tudo se atrofia, se desfaz e se esfarela. No meu hábito diário de saber o que está acontecendo no mundo por meio da leitura de jornais, li, por esses dias, uma entrevista com Olivier Dubois, diretor de um espetáculo de dança francês chamado *Tragédie*, em cartaz em São Paulo. Na entrevista, Dubois toca no coração desse tempo odioso, de forma bonita e poética, mas também desconcertante e preocupante. Diz ele: "o simples fato de sermos humanos não nos torna humanos e aí está nossa tragédia. A humanidade exige um engajamento pessoal constante. Ela é esse jardim em que é preciso labutar sem cessar para não perder território". Em tempo: no espetáculo, os bailarinos se apresentam nus, uma forma de exibir incômodo frente à realidade.

Não tenhamos dúvida: a perda do território do qual fala o diretor leva de roldão a cota de humanidade que nos faz humanos. Os discursos de ódio e da intolerância instalam-se numa fronteira perigosíssima que sinaliza o quanto estamos abrindo mão dessa cota. Assim como os bailarinos do espetáculo, nos desnudemos e pensemos que a educação, como disse Adorno, é o recurso que nos possibilita desbarbarizar e acreditar que "talvez as coisas melhorem". Labutemos!

PS1: Dedico este texto a Dalva Maria Soares, uma pesquisadora e doutoranda que nos oferta antídotos poderosos para a barbárie, com doses homeopáticas de poesia e beleza. Fechando esse texto, li na sua interessante linha do tempo: "só a delicadeza nos salva nas horas brutas".

Justiça, reconhecimento e desenvolvimento: o componente inflamável da política global contemporânea

Dos problemas que nos afligem (e nos atingem)
Como sabido, a primeira linha do título deste artigo é o tema da "Década Internacional dos Afrodescendentes", instituída pelas Nações Unidas, cujo ciclo recobre o período de 1º janeiro de 2015 até 31 de dezembro de 2024. Conforme consta no site da própria ONU, "o principal objetivo da Década Internacional consiste em promover o respeito, a proteção e a realização de todos os direitos humanos e liberdades fundamentais dos afrodescendentes, como reconhecidos na Declaração Universal dos Direitos Humanos".

Com o acirramento dos recentes acontecimentos ao redor do mundo não sobra espaço para tergiversações: o racismo e a xenofobia, que nunca desertaram da cena política e que geralmente andam de mãos dadas, são duas constantes num contexto de incertezas extremas. O que dizer da política xenófoba europeia que, em estágio exacerbado, vem provocando a morte de vários imigrantes africanos no mar Mediterrâneo? Ou do rechaço aos haitianos e a morte aos borbotões de jovens negros por aqui? E, ainda, da violência policial, também letal, nos Estados Unidos? Dos conflitos internos em África?

Nesses contextos – a história nos ensina –, o Outro reaparece (negros, indígenas, africanos, ciganos e todos os Outros que mais couberem), com contornos bem delineados, como o responsável pelos "nossos" problemas, dificuldades e fracassos. Não vamos longe: num momento delicado da economia brasileira, ouvimos muitas vozes proclamando que a admissão de haitianos em postos de trabalhos, agora exíguos, representa a nossa inevitável ruína. Não é de estranhar que a entrada de espanhóis e outros europeus, também em condições adversas, não tenha causado a mesma reação; ao contrário, estão sendo recebidos com patente alegria e entusiasmo. Conclusão à vista: a questão racial vem mostrando-se como uma das mais importantes cifras em tempos de densa ebulição, incidindo no jogo da geopolítica.

Percurso das palavras nas trilhas da política
Não é preciso nenhum exercício de filologia para percebermos que as palavras portam sentidos e significados que percorrem uma trajetória pontilhada pelas condições sócio-históricas que as emolduram. Há muito aprendemos que *texto* e *contexto* operam em simbiose. Não há contexto de um lado e discurso

do outro. Concebemos discurso como encarnado no social, portanto, portador da dinâmica da qual somos sujeitos. Vivemos insistindo que os discursos representam um modo de narrar o mundo e nesse modo vem junto o mundo a ser vivido. Algo nos desafia no trio de palavras adotado pela ONU, pois no mundo em que vivemos e no mundo a ser vivido tais palavras assumem peso político importante para operar a mudança necessária para a transposição dos problemas que atingem em cheio o coração da governança mundial.

Como sismógrafo de alta precisão, a "Década Internacional dos Afrodescendentes" capta os ruídos daquilo que obstrui, em escala global, os caminhos do pleno desenvolvimento. Não nos enganemos: *justiça, reconhecimento* e *desenvolvimento* não são palavras elegantes e pomposas para marcar uma efeméride, antes expressam, em sua profundidade reflexiva e política, os desafios postos para os combalidos Estados-Nação. Um ligeiro recenseamento em torno dos termos nos permite observar o quanto eles vêm sendo empregados recorrentemente em fóruns de discussão, nos espaços do ativismo político, em análises de pesquisadores e teóricos de diferentes quadrantes e latitudes. Retracemos, abreviadamente, o percurso de sentido de cada um deles:

Justiça: No seminário "Fronteiras do pensamento", realizado neste mês em Porto Alegre, o historiador e ensaísta político britânico, Perry Anderson, afirmou que "em termos de dinâmica da ação política, você sempre precisa lembrar que provavelmente o material mais inflamável que existe é a injustiça". Referindo-se às manifestações de junho de 2013 no Brasil, Anderson avalia: "o que politiza e mobiliza as pessoas é a realidade em que as coisas pioram em vez de melhorarem. Não é a esperança de crescimento, mas sim o sentimento de injustiça". Nessa mesma chave, podemos inserir os conflitos em Ferguson, nos Estados Unidos. Movida pelo sentimento de justiça, a população negra foi à rua para debelar o racismo, legitimado por um sistema injusto que autoriza a prática homicida da polícia.

No terreno filosófico, o tema da justiça sempre abrigou discussões contraditórias. O aspecto conflitante é emblematicamente ilustrado na figura da deusa Têmis, ou Minerva, que, de olhos vendados e uma balança na mão, mede dois pesos contrapostos, ocasionando, assim, derrota ou prejuízo a uma das partes disputantes. O filósofo político, John Rawls, especialista no assunto, elaborou uma teoria da justiça baseada na suposição de um contrato social a fim de deliberar uma série de princípios que seriam responsáveis por fundamentar as regras do justo e os princípios da justiça. As instituições exerceriam papel capital nesse processo, uma vez que seriam as intermediadoras entre as pessoas no convívio social. Para Rawls, "a justiça é a primeira virtude das instituições sociais, como a verdade o é dos sistemas de pensamento".

Quando abrimos mão de deliberar sobre o justo, abrem-se as portas para o exercício da vingança. Aqui no Brasil estamos passando por um processo em que o legislativo cogita o triunfo da vingança sobre a justiça, com a PEC da Redução da Maioridade Penal. A psicanalista Maria Rita Kehl elucida: "sou obrigada a concordar com Friedrich Nietzsche: na origem da demanda por justiça está o desejo de vingança. Nem por isso as duas coisas se equivalem. O que distingue civilização de barbárie é o empenho em produzir dispositivos que separem um de outro. Essa é uma das questões que devemos responder a cada vez que nos indignamos com as consequências da tradicional violência social em nosso país". Sistemas injustos criam e aprofundam práticas racistas, sexistas, xenófobas, homofóbicas e assimiladas.

Reconhecimento: A expressão "Fulano (a) de tal ou tal coisa não me representa" tornou-se moeda corrente nas reivindicações contemporâneas. Acentua essa tendência os regimes de visibilidade em voga, ainda presos a imagens reducionistas de grupos historicamente discriminados. Teóricos das *políticas de reconhecimento e da alteridade* são unânimes em afirmar que a assunção do *Eu* se dá pelo reconhecimento do *Outro*. Para Charles Taylor, por exemplo, o expediente do reconhecimento alcança urgência política pelo vínculo que possui com identidade, onde "identidade refere-se a uma compreensão de quem somos, de nossas características definitórias fundamentais como seres humanos" (2006, p. 194).

Assegura Taylor que o não-reconhecimento ou o reconhecimento errôneo podem causar danos irreparáveis, causar imagens distorcidas e redutoras de alguém, ou como diria Alice Walker, pode provocar o aprisionamento de imagens. Portanto, assegura o autor, "o reconhecimento, mais do que uma cortesia, deve ser visto como uma necessidade humana vital". Sabemos que o discurso do reconhecimento e da identidade é obra da nossa aventura moderna. O ingresso dos dois termos na cena política se dá com o colapso das hierarquias sociais, que costumavam ser a base da honra. No antigo regime, a honra estava vinculada a exclusões, intrinsecamente ligada a desigualdades: para que alguns tenham honra, é preciso que nem todos tenham. Lembremos a descrição da monarquia pelas lentes de Montesquieu e veremos o caráter seletivo da honra.

O discurso moderno solapa com a noção de honra para dar espaço ao de dignidade, concebida num sentido universalista e igualitário. Na esteira do reconhecimento e da dignidade, a identidade individual e a autenticidade compõem-se na mesma atmosfera política. Lembremos o movimento dos "Indignados" na Espanha, em 2011, e veremos sua conexão com o sentido moderno de identidade e dignidade (ameaçadas pelas forças produtivas do capitalismo), pela via do reconhecimento.

Expulsos pela porta, os esquemas de diferenciação retornam pela janela nas ditas sociedades modernas e democráticas. Sem o mecanismo seletivo e excludente da honra, racismos, sexismos, homofobia, xenofobia passam a hierarquizar as estruturas sociais. O acirramento dessas práticas se dá quando aquele que reputamos ser diferente de nós (o Outro) ousa cruzar as linhas divisórias imaginárias. Uma fartura de exemplos se insinua: endurecimento nas políticas de imigração contra africanos e outros "indesejáveis"; mulheres em cargos de chefia; a anedótica situação dos aeroportos brasileiros, em que a proximidade dos pobres, desvalidos, "feios", "mal vestidos" (nas expressões correntes) faz com que a classe média vocifere contra "essa gente". O ódio destilado nas redes sociais também pode ser inserido na lista.

A ideia do narcisismo das pequenas diferenças, de Freud, ilumina a questão. Para o pai da psicanálise, é quando a diferença se mostra quase inexistente que o outro se torna motivo de intolerância; é quando territórios que deveriam estar com fronteiras bem distintas, e aí que se avizinham perigosamente; é quando nos vemos tão parecidos com o Outro que destilamos discurso de ódio. Similar raciocínio podemos encontrar em *Estabelecidos e outsiders*, de Norbert Elias e John Scotson. Os autores demonstram que as fronteiras estabelecidas entre os estabelecidos e os *outsiders* da comunidade de Wiston Parva (nome fictício dado ao bairro analisado) erigem-se em nome de motivo insignificante, "um quase nada". O critério para a estigmatização dos *outsiders* era o tempo de moradia na comunidade.

Desenvolvimento: o médico congolês, Denis Mukwege, em sua passagem pelo "Fronteiras do Pensamento", declarou: "Não existe democracia sem direitos humanos. Há muito tempo, os direitos humanos eram considerados um luxo. Parece-me que isso continua sendo verdadeiro em muitos países africanos. De fato, poucos dos nossos países reconhecem a dignidade inerente a cada pessoa, sem qualquer discriminação. Ainda são raros os países no continente africano que garantem oportunidades e opções iguais a todos".

A declaração de Mukwege serve como síntese ao esboçado acima. O desenvolvimento é integralmente dependente de uma política em que justiça e reconhecimento são valores inegociáveis. Há muito se vinculou o tema do desenvolvimento apenas a expedientes da economia e administração. O currículo das teorias de desenvolvimento sob essa ótica é extenso. Não se demorou muito para se chegar a diagnósticos que não tomam a economia, em seu sentido restrito e ortodoxo, como parâmetro para se medir desenvolvimento das nações.

É preciso pôr em ação uma agenda em que justiça e reconhecimento, pilares das sociedades democráticas, não sejam apenas recursos retóricos, mas também alavancas essenciais para que o desenvolvimento também não seja visto como triste eloquência. Como enunciamos no título deste artigo, o tema da "Década Internacional do Afrodescendente" reúne palavras que inflamam as políticas contemporâneas ao redor do mundo. Ou melhor, suas antagonistas – injustiça, atentado às identidades e negação do outro –, são nitroglicerina pura com capacidade de implodir com o pouco que resta dos ideais da modernidade, valorados pela universalidade de direitos, igualdade, justiça e reconhecimento. A Década Internacional não diz respeito, portanto, apenas aos afrodescendentes, mas também a toda a humanidade planetária e convida-nos a desviar as políticas contemporâneas de uma rota que vem se mostrando capaz de soterrar o projeto civilizatório instituído.

Um (singelo) tributo a Luiz Gama

> *Não sou eu graduado em jurisprudência, e jamais frequentei academias. Ouso, porém, pensar que, para saber alguma coisa de direito não é preciso ser ou ter sido acadêmico. Além do que sou escrupuloso e não costumo intrometer-me de abelhudo em questões jurídicas, sem que haja feito prévio estudo de seus fundamentos. Do pouco que li relativamente a esta matéria, colijo que as enérgicas negações opostas às petições que apresentei, em meu nome e no próprio detido, são inteiramente contrárias aos princípios de legislação criminal e penal aceitos e pregados pelos mestres da ciência.*
>
> (Luiz Gama, 1869).

A fausta notícia de que a Ordem dos Advogados do Brasil (OAB) adotou a experiência de Luiz Gama como prática modelar para o exercício da advocacia pro bono reabre as possibilidades de se dizer mais sobre esse grande vulto da história do país. Costumeiramente, tesouros se prestam a explorações, mas há que se frisar que Luiz Gama é um tesouro guardado e não escondido. Como lembra a professora doutora, Lígia Ferreira, especialista na obra do filho de Luiza Mahin, essa bela figura humana se pensou e dimensionou, com justeza, o seu papel na sociedade. Em suma, Luiz Gama foi um homem que se deu a ver. Se, como disse o escritor mexicano Carlos Fuentes, em *A morte de Artemiro Cruz*, "nunca haverá tempo para a última palavra", existe sempre um infinitamente acumulado quando o que está em causa é a vida e a obra de um dos mais importantes nomes da cena política brasileira de todos os tempos.

A escolha da OAB não poderia ser mais acertada: Luiz Gama prestava serviços gratuitos em defesa dos seus clientes, em sua maioria escravizados e pobres, conforme ele declarava: "saí para o foro e para a tribuna, onde ganho o pão para mim e para os meus, que são todos os pobres, todos os infelizes; e para os míseros escravos que, em número superior a 500, tenho arrancado às garras do crime".[1]

No dia do aniversário deste símbolo admirável (mesma data de nascimento de Machado de Assis, uma conspiração de altíssimo nível das deusas e deuses), qual a imagem que dele podemos (re) projetar? Como avaliar o valor de sua obra, com inegável estatuto enciclopédico? É preciso que esbocemos um retrato global de um homem que lançou um olhar lúcido sobre

---

[1] As citações de Luiz Gama são extraídas do artigo "De escravo a cidadão: Luiz Gama, voz negra no abolicionismo", de Ligia Ferreira, que consta do recém-lançado livro *Tornando-se livre*: agentes históricos e lutas sociais no processo de abolição. Machado, Maria Helena P. T. & Castilho, Celso Thomas. São Paulo: Edusp, 2015.

o mundo. Nada de aprisioná-lo em clichês, petrificá-lo nesta ou naquela especialidade. Decididamente, Luiz Gama tornou-se paradigma de personagem monumental, com múltiplas vocações.

Às vezes, movidos (as) por uma ânsia comum em afoitos (as) exploradores (as) de um tesouro incomensurável, ofertamos ao público pedaços (sem dúvida, ricos) da figura-mosaico de Luiz Gama: alguns exploram os seus textos nos jornais para batizá-lo como jornalista; outros o enxergam como referência no campo da literatura; terceiros apontam aqui e ali sua habilidade no campo do Direito; alhures se fala de sua requintada oralidade... Carecemos de vê-lo, a um só tempo, em suas miríades de dobras, por isso, se faz necessário criar focos simultâneos para dimensionar a sua estatura.

A propósito, o século XIX foi pródigo na circulação de mulheres e homens negros de bela escrita e com pensamento atilado; mentes brilhantes e intelectuais de proa profundamente engajados no projeto político de emancipação do país. A pesquisadora Lígia Ferreira nos lembra do quarteto negro do abolicionismo: Ferreira de Menezes (1845-1881), José do Patrocínio (1858-1905), André Rebouças (1838-1898) e o próprio Luiz Gama (1830-1882). Por meio da literatura, do jornalismo e da política, que estavam umbilicalmente ligados naquela época, esses homens avançaram com considerações contundentes, por vezes inéditas, sobre vários temas, em especial a escravidão e a República.

Referências mudas na paisagem do conhecimento
A despeito das recentes explorações em torno de perfis como o de Luiz Gama, uma rápida mirada sobre o painel das "figuras ilustres", desenhado pelo discurso oficial, nos possibilita observar que esses nomes aparecem, frequentemente, como sombra do não declarado. Inescapavelmente, a pergunta que não quer calar: qual o mecanismo, a mágica, o procedimento que fez sumir essas e outras figuras do nosso horizonte de referências? Como nomes de personalidades negras puderam desaparecer dos sistemas educativos? De que forma foi possível que escolas e universidades falassem (e continuem assim fazendo) em política, direito, jornalismo, literatura e outros que tais sem mencionar o papel fundante de Luiz Gama, sem apontar o seu papel na formulação de um discurso fundador que pensou um país republicano?

Busquemos amparo em outros mundos. O polêmico filósofo Michel Onfray, conhecido mundialmente por ser um detrator de Freud e da psicanálise, tece críticas acerbas à galeria dos nomes que figuram como referências inquestionáveis do Século das Luzes. Destaca o autor que tal galeria foi forjada às custas do sacrifício (invisibilidade) de tantos outros nomes (autenticamente iluministas). Segundo Onfray, para construir "esse jardim tão lindo, com alamedas limpinhas e arbustos bem cortados, foi preciso cortar muito, podar, talhar"... Troque-se os personagens de Onfray pelos homens e mulheres negros do século XIX e dos tempos contemporâneos, o método de supressão será o mesmo: cortou-se muito, podou-se incessantemente, talhou-se com esmero para que as rosas do jardim do conhecimento brasileiro pudessem ser apresentadas sem os créditos das sementes advindas do pensamento negro.

Universo dos possíveis, uma outra episteme:
na senda de Luiz Gama

Para onde essa constatação nos leva? Tais procedimentos de exclusão incidem, como se vê, nas discussões em torno da Lei 10.639/03.[2] Insiste-se em dizer que a Lei não é implementada, fundamentalmente, por conta de dois fatores: escassez de material didático e formação precária ou inexistente dos (as) professores (as) relativa aos conteúdos exigidos pela Lei (história da África e afro-brasileira). A insistência nessas duas variáveis como fonte do alegado imobilismo para a efetivação da 10.639 nos faz tomar o efeito como causa. Os impasses e dificuldades em torno da mencionada Lei, a despeito dos esforços de educadoras e educadores e de promissores resultados, residem num problema de episteme, donde entendemos episteme, abreviadamente, como o ato de conhecer o objeto e ser capaz de comunicá-lo ao outro. Episteme supõe universalidade e transtemporalidade. Mas o que Luiz Gama tem a ver com esse desvio aparentemente descabido?

Pelo que se viu, o nosso homenageado possui força diamantina para fundar outra episteme, pois assenta-se numa universalidade e transtemporalidade. Reconhecê-lo como uma grande figura do século XIX já é um passo essencial, mas não o suficiente para devolver-lhe o papel que exerceu nos sistemas de pensamento. Mais do que citações no campo da literatura, ou reconhecimentos na área jornalística, é preciso que Luiz Gama seja inserido nos currículos escolares a partir dessa perspectiva universal e transtemporal, com potência para reinaugurar toda a humanidade e ampliar o universo dos possíveis.

Muitas vezes, em nossas experiências no campo de formação de docentes para a "aplicação" (o uso do termo me provoca alergia) da Lei 10.639, ouvimos professores (as) relatarem entusiasticamente as conquistas nesse expediente, com medidas pela adoção de conteúdo X ou Y. Avaliamos que se tais conquistas

---

[2] Altera a Lei de Diretrizes e Bases da Educação Nacional (Lei 9394/1996), e inclui no currículo oficial de todas as redes de ensino a obrigatoriedade da temática "História e Cultura Afro-Brasileira". Os conteúdos devem ser ministrados no âmbito de todo o currículo escolar, em especial nas áreas de Educação Artística e de Literatura e História Brasileiras.

não forem acompanhadas de deslocamentos no campo da episteme, o racismo, que opera negando a história do outro, continuará triunfando. Habitualmente, estamos imersos numa matriz discursiva, o que nos impede, frequentemente, de ver os possíveis. Os possíveis não estão consolidados como saberes de cada época. Normalmente, esse possível não tem espaço de fala, porque há um contorno que conspira, muitas vezes sem saber que conspira.

Para variar, vamos de Michel Foucault. De acordo com o filósofo, cada episteme produz sua forma específica de vontade de saber e vontade de verdade. Afirma ele que não basta apenas ser verdadeiro, tem que estar no verdadeiro de cada época: "Galileu, Mendel diziam a verdade, mas não estavam 'no verdadeiro' do discurso de sua época" (Foucault, 1996: 35). A filósofa e ativista do feminismo negro, Sueli Carneiro, na senda de Foucault e do sociólogo Boaventura de Sousa Santos, fala-nos de epistemicídio (expressão cunhada pelo último) para trazer à baila a morte e o asfixiamento dos saberes e conhecimentos de matriz africana e de sua descendência.

Retomando o fio condutor deste artigo, o gesto que reconhece Luiz Gama como um jurista que inaugura a advocacia pro bono leva-nos a ponderar que algo mudou no sistema de pensamento jurídico. Mais do que isso: leva-nos para além das fronteiras do Direito. O verdadeiro sobre Luiz Gama adentrou a nossa época, podemos dizer. Se as referências caladas impedem as devidas reverências, é preciso referenciar para reverenciar. Ao fazê-lo, no caso de Luiz Gama, é possível, como dissemos, reinaugurar a humanidade inteira, suscitando o advento de uma episteme plural.

Eis aí uma bela plataforma política a ser visada nas discussões que envolvem a Lei 10.639, a fim de que as reivindicações que a originou, formuladas por pensadores e ativistas do movimento negro em épocas remotas, não sejam esvaziadas de sua complexidade política, epistemológica, e reduzidas apenas à cantilena da ausência de material de didático e de formação de professores. Luiz Gama é um farol para nos orientar e encorajar a "sermos realistas e a pedirmos o impossível". Seguindo seus passos, quem sabe um dia possamos avaliar os desdobramentos da Lei 10.639 e afirmar, sem constrangimentos: É disso que estamos falando!

PS: Dedico este artigo a dois jovens advogados: Janaine Ventura Salviano e Roberto Luiz Bruzaroski, embalada pela crença de que podem ser "fazedores de mundos", por meio da concepção de Direito de Luiz Gama.

Crônicas no limiar do poético: baú de miudezas, sol e chuva

> *Um texto só é um texto se ele oculta ao primeiro olhar,*
> *ao primeiro encontro, a lei de sua composição*
> *e a regra de seu jogo.*
> Jacques Derrida

Movida por escrita prolífica, Cidinha da Silva nos brinda em seu novo livro, *Baú de miudezas, sol e chuva*, com mais um conjunto de crônicas colhido, prioritariamente, do mundo ordinário, como é do seu feitio. De sua primeira obra, *Cada tridente em seu lugar* (2006), até este *Baú*, desenha-se um arco em que inapelavelmente flagramos a obstinada busca de uma prosadora para dizer a vida. Desde as experiências mais comezinhas até aquelas que se apresentam com algum verniz de complexidade, o olhar arguto da escritora captura parcela significativa dos sucessivos acontecimentos que dão substância à vida de cada um e de todos. Para aquilo a que não costumamos dar importância, ela vê - ou ao menos é o que sugerem suas crônicas - uma fase de incubação de ocorrências que podem informar sobre o humano e sinalizar para um universal.

Sob a pena da escritora mineira, os eventos prosaicos são elevados à matéria de análise do social. São prosas, histórias sobre as pessoas, contadas de maneira simples, nas quais emerge o tema do indivíduo-valor. A propósito, este tema acompanha parte significativa das obras ficcionais brasileiras; é categoria que tece a dramaticidade de boa parte dos enredos de José Lins do Rego e de Graciliano Ramos, sem mencionar *O triste fim de Policarpo Quaresma*, de Lima Barreto. *Baú de miudezas* revela e guarda, a um só tempo, as coisas pequenas do cotidiano que nos instruem sobre a marcha do mundo. Aliás, o cotidiano é o cenário privilegiado sobre o qual ela se movimenta. As artes de fazer, as experiências do homem ordinário, no dizer de Michel de Certeau, em *A invenção do cotidiano*, ganham espessura nas narrativas de Cidinha, que se mostram muito próximas da intensidade da vida real. Nessa tessitura, novos temas ganham vulto cada vez mais proeminente: vemos a escritora avançar nas raias do mundo homoafetivo e das relações amorosas; pensar os agenciamentos da procura por visibilidade em fase fulgurante das redes sociais, leia-se, do Facebook; reposicionar o debate político sobre as práticas das religiões de matriz africana; traçar perfis de personalidades a partir de ângulos pouco ou nada explorados pela ortodoxia midiática; declarar amor às cidades, revelar admiração por talentos artísticos do mundo negro. Ora divertidas, ora irônicas, ora austeras, as crônicas de Cidinha nos permitem perscrutar nosso mundo interno.

Alguns destaques: Em "Fall in love", a prosadora nos mostra, em chave amistosa, mas nem tanto, o ridículo a que geralmente nos submetemos quando expomos nossas paixões, nossos amores (tópico que particularmente vem integrando meus interesses de pesquisa nos últimos tempos). Por certo, a expressão, à larga, dos sentimentos e dos nossos efêmeros estados de espírito no FB empobrece a experiência humana, banalizando atos e gestos que só têm sentido na partilha com o outro e não na visibilidade imediata que nos compraz (enunciamos nossa felicidade, alegria, tristeza, angústias). Retiremos do *Baú* a passagem que nos leva a pensar sobre isso:

> Gente graúda, peixe cascudo, quando apaixonado, morde a isca da exposição facebookiana e quer tornar pública sua paixão. Acho que é porque muitos de nós não tivemos adolescência, principalmente a de hoje, que se estende impunemente aos 30, 35, 40, à vida inteira. Pode ser também que, mesmo mais maduros, estejamos submersos à falta de ação política da vida pública supermoderna, e a exposição da vida íntima seja a única coisa restante a nos conectar ao mundo. (...) Esse amor também quer gritar sua existência e, se o *Facebook* é o amplificador do momento, a ele! (...). Seja lá como for, são deprimentes as relações de amor, ódio e estupidez com diário virtual das redes sociais. (p. 28 e 29).

Crônicas que flertam com a poesia, mas que se mantêm crônicas, a produção de oito livros faz, inevitavelmente, tradição e vão delineando, traço a traço, a fisionomia da prosa de Cidinha da Silva. Sob os lençóis do tempo, algo se consolida no trajeto destas publicações. Acompanho todos os livros dessa prosadora (em 2007, escrevi a resenha de *Cada tridente em seu lugar* e, em 2013, comentei, abreviadamente, *Racismo no Brasil e afetos correlatos*. Nesse interregno, notei avanços progressivos que vão dando estatura para sua obra e decantando um estilo próprio). A nossa vocação para classificar e medir é incontornável. Categorizamos, dividimos por departamentos, ordenamos por gêneros, procedimento caudatário da lógica aristotélica. Sem querer, a fórceps, inserir as crônicas "cidinhianas" em caixinhas taxinômicas, o material que ela nos apresenta reclama por alguma tipificação. Qual seria o lugar da escrita dos seus textos? Quais os traços singulares que se sobrelevam em *Baú de miudezas*? Seja do ponto de vista da forma ou do conteúdo, as crônicas de *Baú de miudezas* se acercam do limiar do poético, mas não são poesia. Em "Vida de marisco" (p. 27), o exercício de aproximação é manifesto: com apenas oito linhas, ostenta economia significante que cairia bem na faina poética. Procedimento semelhante se dá em "Memória" (p. 35), onde a denúncia da covardia e da mesquinhez no amor não tolera delongas. Sob as lentes de Morris Croll, crítico da prosa barroca, Cidinha empreende o estilo coupe, o da sintaxe entrecortada, das frases breves e assindéticas, dos períodos enxutos, da concisão. Para esse crítico, o inverso desse estilo seria a forma de escrita por adição, inclusões, longos torneios frasais, encadeados por conjunções coordenativas, que atam e desatam as frases: obras extensas, parágrafos extensos, períodos extensos, procedimento estilístico reiterativo, espraiado.

> O reconhecido escritor William Faulkner é um dos principais representantes desta corrente. As concisões remetem a uma performatividade linguística. Dizer é fazer, para a prosadora, quando ela diz meu nome em tom grave, quando ri forte e divertida, há uma forma telúrica que escapa do lago e faz redemoinhos insondáveis. Quando ela diz venha, é sopro de vida, fogaréu de alegria, imperativo perfeito para meu coração que quer tanto segui-la. ("A voz funda do rio", p. 30).

Para além da forma, o lirismo presente em outras crônicas também nos aproxima do das fronteiras da poesia. "Concha, mi Conchita Buika", um tributo à cantora negra nascida em Palma de Mallorca, Espanha, apresenta fortes doses de metáfora que dão ao texto um acentuado caráter lírico:

> Argolas em outro preto e santo da corda do alento que me enlaça e me desvencilha do naufrágio no manguezal. Buika ecoa o passado corrosivo, liberto em seu grito, assustado e reprimido dentro. Seu canto é magma-sangue dos vulcões adormecidos. (p. 59).

Burilando seus textos, a escritora aqui examinada chega ao seu oitavo livro ensaiando imbricações, transitando nas fronteiras de gêneros literários. Em algumas vezes esse trânsito se dá com certa desenvoltura, em outras flagram-se inaptidões, quando, por vezes, a pressa narrativa sufoca a singeleza do sentido suposto.

Fundamentalmente, não existem fronteiras intransponíveis capazes de impor distâncias telescópicas entre os textos literários; eles não encerram categorias restritivas e imutáveis; ao contrário, são elásticos, se interceptam e se recombinam à revelia da própria produção; dilatam-se, incorporam outros traços e elementos, metamorfoseiam-se. Os empréstimos e cruzamentos entre eles se intensificam cada vez mais em tempos de hibridismos. Testemunhamos debates febris em torno da hibridização, da mestiçagem, cuja tonalidade narrativa é modelada pela afirmação de que a globalização, a mundialização, é a grande facilitadora das aproximações, dos intercâmbios, das trocas e das misturas.

Tradições e influências: uma plataforma de aprendizado
Guardadas as devidas proporções, em alguns textos a autora projeta a aura de grandes nomes da literatura. Vê-se o espectro de Drummond, de "Cadeira de

balanço", nas crônicas do "Duas mulheres numa rua íngreme" (p. 31) e em "Coisas que nem Deus mais duvida!" (p. 54) deste fecundo *Baú*. Inevitavelmente, os textos não surgem num grau zero, mas em um veio histórico, dentro de atividades preexistentes, sempre renovando-se, pois não são cristalizações formais no tempo. Para o filósofo Jean-François Lyotard: "todo pensar é um re-pensar e não existe apresentação da qual se possa dizer que é uma estreia. O aparecimento disto reitera aquilo. Não que reitere a mesma coisa ou repita a mesma cena". Qual a cena que Cidinha da Silva estreia? Como ela promove fissões e não apenas fusões na esteira de uma tradição? Em "Tradição e talento individual", T. S. Eliot assinala que todo poeta quando escreve está em dívida com seus antecessores, já que não consegue desvencilhar-se de repertórios antecedentes. Às preocupações de Eliot, somam-se as do escritor argentino Jorge Luis Borges, em "Kafka y sus precursores". Borges diz que um artista não acompanha apenas uma tradição, mas pode também criar uma tradição atrás de si. Para ele, a literatura produzida antes de Kafka é reorganizada, criando uma influência "para trás".

Essa digressão mostra-se necessária quando confrontamos a obra de Cidinha com o papel que se reserva à literatura. Em nome de quê? É a pergunta que não quer calar. De livro em livro, equipando sua empresa literária com recursos estilísticos plausíveis, a prosadora garante sobrevida à crônica, no lastro de uma tradição que se renova sob suas lentes e nos oferece parâmetros para conceber e transformar a vida.

PS: Esta resenha me reconcilia com o campo literário, uma das minhas grandes paixões. Leitora voraz de literatura, voltarei a escrever, de quando em vez, sobre obras ficcionais.

Referências bibliográficas

BLOOM, Harold. *A angústia da influência*. 2ª ed. Rio de Janeiro: Imago, 2002.

BORGES, Jorge Luís. *Obras completas*. São Paulo: Globo, 2000, vol. II.

CROLL, Morris. *Style, rhetoric and rhythm*. In: Rhetoric review. Vol. 16, n. 1, Autumn.

DERRIDA, Jacques. *A farmácia de Platão*. 3ª ed. São Paulo: Iluminuras, 2005.

LYOTARD, Jean-François. *A condição pós-moderna*. Rio de Janeiro: Olimpo, 1979.

SILVA, Cidinha da. *Baú de miudezas, sol e chuva*: crônicas. Belo Horizonte: Mazza Edições, 2014.

Polifonias midiáticas

Oscar 2015 e o filme Selma: uma agenda de combate ao racismo e sexismo

Causou espécie no mundo cinematográfico (e fora dele) o fato de o filme Selma, dirigido pela cineasta negra, Ava DuVernay, ter sido subvalorizado no Oscar 2015: a "película" recebeu apenas duas indicações, uma na categoria de melhor filme e outra na de canção original, por onde acabou ganhando a taça. Ava DuVernay e David Oyelowo, o ator britânico que desempenhou o papel de Martin Luther King, não foram indicados para suas respectivas categorias. Abreviadamente, o filme é uma cinebiografia do pastor protestante e ativista, Martin Luther King. Retrata as históricas marchas realizadas por Luther King e manifestantes pacifistas em 1965, entre a cidade de Selma, no interior do Alabama, e a capital do estado, Montgomery, em busca de direitos eleitorais iguais para a comunidade afro-americana.

Algumas críticas acerbas ao filme parecem sancionar as sovinas indicações: surgiram comentários referindo-se à "Selma" como um filme menor escondido atrás de um tema de exponencial relevância. Outros arguiram que, ao apresentar um presidente claudicante, DuVernay foi, no mínimo, injusta com Lyndon Johnson, reconhecido pela História como um defensor intransigente da luta pelos direitos civis. De maneira irresponsável, a diretora teria maculado a imagem de Johnson, posto uma nódoa inamovível em sua biografia.

Assim como Selma, os filmes que concorreram às principais categorias também foram baseados em fatos reais. "Sniper Americano", "A teoria de tudo" e "O jogo da imitação" colheram da História recente o *leitmotiv* de seus roteiros, motivo pelo qual foram avaliados pelo vínculo, próximo ou distante, com a realidade. Independentemente da avaliação, esses filmes não deixaram de figurar como premiáveis. A acusação contra Ava DuVernay de que teve relação agreste com a verdade histórica não pode servir de desculpa à falta de atenção de que Selma foi alvo pela Academia.

De resto, podemos questionar o binômio ficção e realidade naquilo que eles se apresentam como entidades absolutamente autônomas e opostas. O jurista Jeremy Bentham elaborou frase que fragiliza a oposição entre os dois termos: "daquilo que é real não se pode dar nenhuma explicação clara, a não ser por meio de algo de fictício".

Realidade, ficção, verdadeiro, verossímil
Como se fossem documentários, filmes que visitam a História com H maiúsculo são normalmente perscrutados sob a lente de um certo purismo; eles são sistematicamente submetidos ao escrutínio de pesquisadores com a finalidade de examinar até que ponto conseguem mostrar evidências sem mediações. Essa perspectiva de análise é chancelada por uma lógica conceitual que diz que o documentário deve extrair os fatos da realidade sem interferências terceiras. Tal lógica criou tradição na produção cinematográfica, chegando a instituir diferenças entre o *modus operandi* francês e o americano. O cinema direto, de origem norte-americana, e o cinema verité, de origem francesa, para assinalar comodamente o essencial, correspondem, respectivamente, ao que foi chamado de *fly-on-the-wall* (mosca na parede) e *fly-on-the-soup* (mosca na sopa). Em outras palavras: o primeiro oculta o processo de produção e o segundo exibe, sem constrangimentos, os cineastas na tela.[1] A imagem sem interferência, imediata, – o padrão "mosquinha na parede" – foi avaliada por muitos produtores como o procedimento que mais se aproximava do ideal, porque mais próximo da realidade. Ora, mas nem os documentários estão a salvo de serem contaminados pela imaginação, de tal sorte que são considerados como tratamento criativo da realidade.

Dito isso, o exame de Selma à luz desses critérios parece nos enredar nas velhas questões formais do fazer cinematográfico. Para além desses aspectos, nos interessa pôr em discussão aquilo que, por meio do cinema, revela como as assimetrias de raça e de gênero se acomodam e, por vezes, encontram em algumas vozes a contraposição necessária para que um grão de insurreição possa germinar uma experiência futura.

O Oscar, a festa decadente, mas de simbolismo (ainda) potente
O discurso da atriz Patrícia Arquette foi a voz da insurreição no Oscar 2015. Sob aplausos entusiasmados de Meryl Streep, Jennifer Lopez e toda a plateia, a denúncia de Arquette trouxe à tona o que a academia insiste em colocar debaixo do tapete vermelho: o sexismo e, extensivamente, o racismo, duas categorias de

---

[1] O documentário engajado faz parte da história desse gênero. Alguns deles podem ser destacados: *Three songs of Lenin*, documentário realizado por Dziga Vertov, em 1934, na antiga União Soviética, mostra três diretores com diferentes abordagens sobre a vida do país, construindo um retrato apaixonante de Lênin. *Housing Problems*: documentário realizado por Arthur Elton e Edgard Anstey em 1935, no Reino Unido, que tentava chamar a atenção para os problemas dos programas habitacionais.

diferenciação negativa que vêm relegando às mulheres e negros a um patamar rebaixado na dinâmica da produção cinematográfica. Não sem razão, recebeu este ano o epíteto de "Oscar das minorias".

Os dados confirmam até mesmo o que um olhar desatento pode captar: homens dirigem 93% e protagonizam 75% das maiores bilheterias de Hollywood. Segundo a Universidade de San Diego, na Califórnia, em 2014 só 12% dos cem filmes mais vistos nos EUA tiveram mulheres nos papéis principais. O Oscar de 2015 foi o que menos destacou o trabalho feminino: cinco homens indicados para cada mulher. Em sete categorias, nenhuma mulher foi indicada ao prêmio. No Brasil, a disparidade entre gêneros também é a regra. 86,3% dos filmes nacionais entre 2002 e 2012 foram dirigidos por homens, que também assinaram 74% dos roteiros.

Ao exigir condições iguais de tratamento às mulheres no universo cinematográfico, Arquette projeta o problema de gênero na dimensão racial. Ava DuVernay, por ser mulher e negra, experimentou os condicionamentos a que gênero e raça estão submetidos na disputa pelo reconhecimento e visibilidade quando se trata de categorias profissionais impermeáveis à presença de grupos raciais não hegemônicos. Foi acintosamente acantonada pela Academia num momento em que era para ser posta em cena. Recebeu como prêmio o não reconhecimento de um trabalho zeloso que reuniu todos os ingredientes para concorrer ao Oscar (as minhas críticas ao filme não se perfilam àquelas que foram divulgadas pela imprensa). Ainda que seja uma festa chata, enfadonha, o Oscar ainda é um poderoso recurso simbólico para reafirmar os ideais culturais com os quais nos orientamos e nos pomos no mundo (assisti à premiação este ano com paciência de Jó. O "nosso" Kikito consegue ser menos enfadonho que a premiação americana).

O ator David Oyelowo nos lembra que não são apenas as funções que atuam atrás das câmeras (diretora, roteirista) as vítimas do desprezo frontal da Academia. Atores e atrizes negros seguem desvalorizados quando ousam interpretar papéis que escapam dos estereótipos mais comuns. Para Oyelowo, aquela "Instituição" não considera palatável histórias em que personagens negros atuam como sujeitos de sua própria história. O desabafo do ator britânico nos leva a ratificar que não podemos enfrentar o racismo sem interpelar o imaginário. Peço desculpas pela insistência no termo para quem frequentemente lê meus artigos. A reiteração decorre de um trabalho reflexivo que visa a apontar na expressão cinematográfica, e em outras artes do narrar, a chave da junção entre práticas políticas e práticas imaginárias.

Um programa de ação, uma plataforma política
Repetida como mantra nas minhas incursões pelo universo dos discursos circulantes, a implosão deste imaginário se mostra como prioritário para um novo agenciamento de imagens em torno do negro e da mulher negra. Como sabemos, o cinema se configura como uma máquina prodigiosa do imaginário tecnológico contemporâneo e deve ser visto como um suporte estratégico para uma tarefa que é, fundamentalmente, política.

Venho defendendo que sem os deslocamentos dos significantes, indício de que algo da ordem do imaginário também se deslocou, é impossível estabelecer novos regimes de visibilidade capazes de dotar as mulheres negras de outros signos que as conduzam para o reconhecimento de que habitam outros lugares reais e simbólicos. Não basta apenas ocupar alguns lugares (Ava Duvrey já rompeu algumas fronteiras tornando-se cineasta), é preciso nos reconhecer neles.

Acredito que tal reconhecimento exige uma plataforma de ação que promova diferentes intercâmbios. Uma aproximação com a Arte pode ser um deles, considerando que os deslocamentos no universo dos possíveis que o campo artístico promove podem ser fonte de inspiração para a construção de outras cadeias significantes, capazes de liberar as mulheres negras do aprisionamento das imagens, para utilizar expressão de Alice Walker, que as interditam no trânsito dos possíveis.

Talvez se esconda no fundo desta aproximação disparatada o porvir da experiência futura a qual referimos acima. Duchamp mostrou – quando colocou a palavra farmácia em uma reprodução de uma paisagem de inverno, assinando o quadro e anunciando-o como *ready-made* – o que a arte faz: transfigura as coisas e as retira de seus contextos usuais. Talvez seja a adoção de procedimentos surrealistas, no sentido de fazer significar diferente a partir daquilo já cristalizado, que precisamos para uma radical transformação no território do reconhecimento.

Do ponto de vista que nos ocupa, o das reconfigurações da imagem e do imaginário, a arte é, como lembra o filósofo Jacques Rancière, o ponto extremo de uma mudança polêmica do sensível, que rompe com as categorias estabelecidas. A arte restabelece os critérios para reconfigurar o território do visível, do pensável e do possível. Diz Rancière: "as ficções da arte e da política são, portanto, heterotopias mais do que utopias".

Voltando à terminologia do termo, heterotopia quer dizer espaço do outro. Neste dia 8 de março, precisamos pensar nesses espaços, tal como fez Michel Foucault em "Outros espaços, heterotopia", ao dizer que o espaço do Outro foi esquecido pela cultura ocidental. Ava Duvrey, no cinema, e todas nós, em nossos espaços, não somos reconhecidas, o que nos leva a ocupar posições subalternas, ainda que o lugar social seja carregado de algum prestígio. O enfrentamento dessa perversa operação reivindica, sim, uma aliança entre política e imaginário. O dia de hoje nos leva a pensar na raiz dessas questões já esboçadas pelas ativistas e pensadoras que nos antecederam. Permaneçamos no encalço de cada uma delas e promovamos o reconhecimento do nosso lugar no mundo.

PS: a partir deste artigo passo a publicar uma vez por mês artigos voltados para os tópicos da imagem, do imaginário e das mulheres negras, intercalados por outros assuntos. Oito de março é o nosso porto de partida. O Porto de chegada será a Marcha das Mulheres Negras em Brasília.

'Charlie Hebdo', Nigéria, Salvador...

> *"A carne mais barata do mercado é a carne negra."*
> (Marcelo Yuka, Seu Jorge e Wilson Capellette)

As coisas como são. Será?

Depois de mais de um mês do ocorrido no semanário francês *Charlie Hebdo*, o episódio não cessa de provocar comentários que se desdobram em diversas escalas analíticas. *Charlie Hebdo* persiste, insiste, resiste e, mesmo com a tendência contemporânea de volatizar os fatos na velocidade da luz, de tal modo que se perdem rapidamente nas noites do tempo, o "acontecimento" desenha um caleidoscópio suscetível de trazer reflexões de várias ordens, num registro atemporal, em associação a outros fatos. Um dos ângulos de análise que ganharam justificado relevo encontrou abrigo no par *visibilidade-invisibilidade*.

Inescapável foi o paralelo entre as tragédias que se sucederam na sede do *Charlie Hebdo*, alvo de cobertura global, geral e irrestrita da imprensa e, dias antes, em Baga, na Nigéria, onde o grupo islâmico fundamentalista Boko Haram, praticamente um estado paralelo, ceifou vidas de milhares de pessoas: foram duas mil mortes apenas em cinco dias. Para o que aconteceu (e vem acontecendo) em Baga, pouca ou nenhuma cobertura, nenhum gesto de solidariedade, nenhum *je suis*. Estendendo o paralelo às terras brasileiras, temos que, no último dia 6, a polícia baiana assassinou barbaramente 12 jovens negros, numa operação acachapante, mas (pasmem!) aprovadíssima pelo governador do estado, para quem a investida foi metaforicamente comparada à ação de um artilheiro em campo, em frente ao gol, quando a ordem é não errar. Salvo matérias, denúncias e comentários disparados pela imprensa alternativa e emergente, pelos movimentos negros e de direitos humanos, o *mainstream* da comunicação brasileira fingiu que não era com ele, desprezando solenemente mais uma tragédia envolvendo jovens negros.

"Nações são narrações"

Mais inescapável ainda foi a menção, ainda que minoritária na seara da imprensa, ao texto maravilhosamente lapidar, publicado em 1976, de Alexandre Cockburn, jornalista norte-americano pouco ortodoxo, segundo o qual "os editores devem se lembrar de que há extensas partes do mundo nas quais as pessoas não existem a não ser em grupos de mais de 50 mil". Cockburn calculou, assim, quantos negros norte-americanos precisariam morrer para se equipararem à morte de um branco norte-americano comum. "As pessoas somente começam a se interessar se falarmos em 50 mil e 100 mil mortos. Especialistas avaliam que somente uns 50 mil indianos seriam capazes de se igualar, em termos de notícia, ao total de 10 americanos".

Seguindo a métrica de Cockburn, podemos dizer que nem as duas mil mortes de nigerianos, de forma brutal e em lapso de tempo curtíssimo, tampouco a chacina envolvendo doze jovens negros, foram capazes de se equiparar, midiaticamente, às doze mortes dos jornalistas franceses, seja na imprensa mundial ou local. Flagramos, vergonhosamente, os diferentes pesos e medidas que vão situando o papel do jornalismo nas relações de poder e dimensionando hierarquicamente o valor do humano.

Uma montanha de explicações, também advinda da esfera da imprensa, irrompeu a nossa frente: o jornal britânico *The Guardian* apressou-se em dizer que produzir reportagens no norte da Nigéria é notoriamente difícil, por inúmeros razões: jornalistas têm sido alvo do Boko Haram e, ao contrário do que ocorreu em Paris, as pessoas estão isoladas em Baga e com pouco ou nenhum acesso à internet e a outros meios de comunicação. Os ataques do grupo, insistiu o jornal, agravaram a situação, já que os rebeldes interromperam as conexões, o que impediu a permanência de uma comunidade online capaz de compartilhar notícias, fotos e reportagens em vídeo.

Outra justificativa muito repisada nos circuitos especializados refere-se ao grau de importância dos fatos para a geopolítica no mundo: aferrados a uma crença pia, afirmam alguns que o que sucede nos países mais importantes tem, por consequência, mais relevância, pelo impacto que pode provocar em todo o planeta. Os portadores dessa defesa esquecem que o termo "geopolítica" já traz embutido a dinâmica do poder, que posiciona o lugar simbólico e real dos países e de seus habitantes no âmbito das supremacias. Não esqueçamos a definição do cientista político Benedict Anderson: "nações são narrações". Ser mais ou menos importante no tabuleiro político mundial não é, portanto, um dado imperturbável.

Visibilidade e invisibilidade

Tentar diminuir ou anular o papel do jornalismo no jogo da visibilidade-invisibilidade, por meio de justificativas que repousam em questões operacionais, técnicas ou mesmo em tópicos relativos à precedência da importância dos acontecimentos, é tentar apagar os traços que o constituem. São traços de significação que, a exemplo das lesmas, que deixam filetes prateadas nos muros dos jardins, não conseguem apagar os rastros de sua operação interna. Orientado por um "quadro comum de referência", o jornalismo institui e organiza as hierarquias sociais por meio de discursos que não apenas tornam o mundo transparente, mas também dão a ver, ao construí-lo, um mundo a ser vivido. No quadriculado em que delimita seus discursos, as formas de ver e narrar já estão sob a regência de balizas socialmente aceitáveis. As tragédias soterradas pela luz da imprensa só permanecem no pântano do invisível porque nesse quadriculado em que a narrativa jornalística ganha lugar os valores das coisas e do humano já foram pré-definidos pela política.

A categoria de biopoder, esboçada pelos filósofos Michel Foucault e Giorgio Agamben, e aplicada à arquitetura do racismo brasileiro pela filósofa Sueli Carneiro, nos presta serviço. Contra a estreiteza de alguns argumentos e justificativas, pode-se (e deve-se) recorrer ao expediente da reflexão, que nos aponta saídas para transpormos alguns argumentos carcomidos pela crueza da realidade. Ao biopoder vinculamos a categoria de necropolítica, da lavra do pensador camaronês Achille Mbembe, expoente do pós-colonialismo no mundo.

Num monumental investimento para apreender a gênese das mudanças das tecnologias do poder em escala histórica abrangente, Foucault considera que uma mudança estrutural no exercício do poder soberano começa a se estabelecer a partir do século 18. Até essa época, a autoridade do soberano, o rei, era exercida por meio da punição pública, do espetáculo da morte. A base da lógica dessa governamentalidade era "fazer morrer e deixar viver". A nova arte de governar – baseada na tríade soberania, disciplina e governo– subverte essa lógica; a partir daí, inaugura-se um novo regime de poder que tomou a vida, e não a morte, como seu fim último. O enunciado altera a ordem de suas palavras: "fazer viver e deixar morrer". Na atmosfera moderna, os aparatos de poder devem promover a vida, ainda que a morte, como política do Estado, seja reservada a grupos indesejáveis.

Operacionalizando com maestria o conceito de Foucault na lógica perversa do racismo, a filósofa Sueli Carneiro demonstra como o biopoder atua hierarquizando o valor do humano pela ótica da racialidade. Se o teórico francês considera que há uma imposição da morte a certos grupos não estabelecidos num regime de governo que valoriza a vida, é nessa imposição que Carneiro detecta os modos brutais de aniquilamento da população negra (os dados sobre a mortadade de jovens negros são alarmantes de tal sorte que são designados como genocídio). Segundo ela, "Foucault demonstrou que esse direito de vida e de morte 'só se exerce de uma forma desequilibrada, e sempre do lado da morte'. É esse poder que permite à sociedade livrar-se de seus seres indesejáveis (...). É essa política de extermínio que cada vez mais se instala no Brasil, pelo Estado, com a conivência de grande parte da sociedade".

Como uma partida de futebol

Pondo em questionamento a potência do biopoder como chave explicativa dos extermínios dos nossos tempos, Achille Mbembe cunha o conceito de necropolítica. Não se trata, exatamente, de uma contraposição ao termo foucaultiano, mas, antes, uma ampliação do seu alcance num momento em que os mecanismos de controle e gestão da vida em sociedades marcadas por "topografias urbanas da crueldade", habitadas em sua maioria por jovens negros, optam pelas máquinas da morte. Mbembe opera uma inversão na ênfase dada por Foucault ao biopoder. Necropoder enfatiza a primazia da morte como estratégia de exercício do poder moderno em territórios e populações tidos como ameaça.

Os sucessivos acontecimentos na Nigéria e as incontáveis mortes de jovens negros brasileiros adéquam-se, sob óticas diferentes, às categorias de biopoder e necropolítica. O poder de soberania da política (e da polícia) brasileira – o poder de decidir quem vive e quem morre – é exercido pelo direito de fazer morrer: "não há espaço para a produção de corpos dóceis porque trata-se de corpos matáveis", como disse o pesquisador Jaime Alves. Para Mbembe, "novas tecnologias de destruição estão menos preocupadas em conformar os corpos em aparatos disciplinares que (...) conformá-los à ordem da máxima economia representada pelo massacre". E economia aqui pode ser lida em vários sentidos, desde a monetária até a simbólica.

É este o pano de fundo a partir do qual se pode tentar situar a dinâmica do par visibilidade-invisibilidade. Eis que trazemos de volta o papel do jornalismo nesse processo. Juntos, Sueli Carneiro, Michel Foucault e Achille Mbembe nos levam a pensar que o invisível midiático compõe a equação da inexistência dos indesejáveis e, decididamente, com indesejáveis não estabelecemos nenhum laço de identificação. Já referi, em outros momentos, que o visível tem, com tanto mais razão, estatuto ontológico nos nossos dias, o que, por consequência, dá a imagem um caráter fundante das identidades individuais e coletivas. A comoção mundial que a tragédia no *Charlie Hebdo* provocou mundo afora (não sem razão) tem uma relação direta com as identificações, com aquilo que de nós projetamos no Outro via imagens. O problema não está na adesão ao que aconteceu em Paris, mas na ausência de reação similar aos trágicos acontecimentos no país africano e na capital da Bahia. Não somos (*je ne suis pas*) as vítimas de Baga e Salvador, tampouco choramos por elas. Pela invisibilidade operada pela imprensa, as excluímos duplamente da humanidade planetária (pela morte real e pelo silêncio da linguagem dominante), pois com elas não temos nenhum vínculo sequer.

Por outro lado, pode-se dizer que pouco importa se essas tragédias não foram publicizadas pelo jornalismo tradicional, visto que elas nos chegaram por meio de outras mídias, com significativo raio de alcance. Mas, nem mesmo aqueles que dão por certo o irrevogável ocaso do jornalismo, desconsideram o papel importante da dita grande imprensa em acontecimentos da estatura do extermínio na Nigéria e em Salvador, já que as tecnomediações, hoje advindas de diferentes focos, ainda têm nesse tipo de jornalismo um braço importante.

Resta-nos assim propugnar a assunção de outros padrões de noticiabilidade. É preciso mudar o regime de visibilidade em voga, do qual o jornalismo faz parte, para que outros enunciados do visível, a serviço da pluralidade, povoem os suportes de informação. É preciso mudar as regras do jogo, que não se esgotam em soluções meramente técnicas. Se acatarmos a ideia segundo a qual os discursos se institucionalizam em fundamento e anteparo para as regras, expressando-as, mas também as legitimando, é só por meio deles, dos discursos, que se redefine uma ortografia do visual.

Mais ainda: se considerarmos que "cada visível guarda uma dobra invisível que é preciso desvendar a cada instante e em cada momento", podemos levar em conta que onde reina o invisível e o silêncio é onde está a potência do sentido que nos leva a compreender por onde se sacrifica o humano, se estabelece os jogos do biopoder/necropolítica, e que, por meio das máquinas de produção do discurso, entre as quais está a imprensa, tais jogos se apresentam como absolutamente naturais, muitas vezes decididos como se fossem uma partida de futebol em que o artilheiro não pode perder, não pode errar para manter a boa rotina do mundo e preservar a comunidade dos humanos, a qual aqueles jovens negros não pertenciam e só representavam nefasta ameaça.

Referências bibliográficas
FOCAULT, Michel. *Em defesa da sociedade*. São Paulo: Martins Fontes, 2010.

CARNEIRO, Sueli. A construção do outro como não-ser como fundamento do ser. 2005. Tese (doutorado em Filosofia da Educação) – Universidade de São Paulo.

MBEMBE, Achile. Necropolitics. *Public Culture*. Duke, v. 15, n. 1, p. 11-40, 2003.

A performance das palavras e seus desdobramentos políticos: é possível dizer tudo nas redes sociais (ou fora delas)?

> *"O que não pode ser dito, tem que ser calado".*
> Ludwig Wittgenstein

O fantástico mundo das redes sociais: novas ambiências para a estridência do mundo

Tornou-se irrefutável o relevante papel das redes sociais para a troca informativa que se quer veloz, em fluxo contínuo, para a instituição de um lugar em que a profusão de ações momentâneas, cambiantes e fluidas desenha um espaço plural de inovações comunicacionais possíveis, enredando-nos em nós de inventivas projeções. Uma das principais responsáveis por selar novos pactos comunicativos, visto que a relação emissor-receptor se modificou substantivamente, as redes sociais colaboram para que múltiplas formas do falar e do se expressar teçam o emaranhado discursivo do qual somos produtores e consumidores, os chamados *prossumer*, figura tão em voga nos nossos dias, consagrada tanto pelo mercado quanto pela academia.

Se quisermos enumerar os benefícios, eles avultam. Como sabemos, a mídia passou por uma mudança de paradigma: da lógica da radiodifusão, que predominou durante todo o século XX, experimentamos uma fase em que o controle sobre a produção e a distribuição já não dependem dos grandes conglomerados, permitindo o engajamento efetivo das audiências. O velho modelo um para todos se subverteu, e diversos arranjos tornaram-se possíveis: um-para-um, todos-para um... Resultado incontornável: uma quantidade gigantesca de materiais (visuais, verbais, sonoros) circula nas diversas ferramentas e suportes de comunicação, um sem-número de atualizações e compartilhamentos inundam as famosas timeline em lapso de tempo curtíssimo... Há quem enxergue nessas atividades um desejo ancestral de dividir histórias: seja ao pé do fogo, no passado distante, ou em "nuvem", no agora que não cessa de se reinventar, estamos sempre querendo relatar e compartilhar. Para Henri Jenkins, o papa da cultura da convergência, "o público não é mais visto como mero consumidor de mensagens preconcebidas e sim como agente criador de valor e significado. Nesse processo, ele escolhe, compartilha, reconfigura e remixa conteúdos de mídia de maneiras nunca antes imaginadas...".

Ainda que esse fenômeno ganhe proeminência com as redes sociais, vários teóricos, a exemplo de Walter Benjamin, conseguem antevê-lo já na década de 1930. O cenário daquela época é esboçado da seguinte forma:

> Cada pessoa, hoje em dia, pode reivindicar o direito de ser filmado. (...). Durante séculos, houve uma separação rígida entre o pequeno número de escritores e um grande número de leitores. Com a ampliação gigantesca da imprensa, colocando à disposição dos leitores uma quantidade cada vez maior de órgãos políticos, religiosos, científicos, profissionais e regionais, um número crescente de leitores começou a escrever, a princípio esporadicamente. No início, essa possibilidade limitou-se à publicação de sua correspondência na seção "Cartas aos leitores". (...). Com isso, a diferença essencial entre autor e público está a ponto de desaparecer. Ela se transforma numa diferença funcional e contingente. A cada instante, o leitor está pronto a converter-se num escritor (1994, p. 183-4).

Com esses rearranjos monumentais na ação comunicativa, semeados desde as primeiras décadas do século XX, como nos informa Benjamin, somos acometidos pelo desejo incontido de relatar/enunciar. As redes sociais vêm estabelecendo um novo grau na compulsão por se expressar, de tal modo que parecem cobrir o tecido de nossa existência (estar midiaticamente morto é um medo contemporâneo, o que nos leva a pagar o passaporte de ingresso à moderna praça da visibilidade, expressando, muitas vezes, acontecimentos de fórum privado, acentuadamente da esfera íntima, com ações de bastidor ganhando status de cena). No Facebook e assemelhados temos o dever de tudo ou quase tudo dizer e mostrar. E como falamos! Mas o que tanto falamos? De tudo um pouco. Segundo pesquisadores, nunca se falou tanto no mundo: "Só nos Estados Unidos houve um aumento de quase sete trilhões de palavras faladas, a partir da invenção das chamadas novas tecnologias (Facebook, Twitter, Whatsapp e outras conversas online). Em 2013, o número de usuários da internet no mundo giraria em torno de 2,6 bilhões (número que, esperava-se, deveria dobrar na década seguinte). A cada minuto, essa multidão disparava e, em 2013, 168 milhões de e-mails, via 1,3 milhão de vídeos no Youtube e fazia 370 mil chamadas no Skype. Isso a cada 60 segundos, somente a cada 60 segundos.

Em meio às maravilhas e benefícios da técnica (a técnica, originariamente, tem o destino de decidir bem), pomos sob o exame da crítica as redes sociais para, a partir desse lugar, pensar a marcha do mundo nos nossos dias. Examiná-las criticamente, aqui, corresponde ao próprio sentido etimológico do termo crítica, que é o de pôr em crise. Um dos aspectos que nos permite pôr as redes sociais em crise diz respeito à estridência do mundo, visto que nessa ambiência comunicativa sentimo-nos livres para tudo dizer.

Eis os sintomas da crise: sob o manto da liberdade de expressão, do fim da censura (expediente tão caro para nós) proliferam discursos que legitimam racismos, xenofobia, mixofobia, sexismo e múltiplas formas de discriminação. Sabe-se que a cada ato que infrinja os princípios constitucionais de respeito ao outro existem mecanismos para coibi-lo. Sob esse prisma, deve-se, portanto, reservar às pessoas o direito de dizer tudo. Mas a questão que me mobiliza nesse artigo não reside aí. O que pomos em crise tem raízes ainda mais profundas, com tentáculos que não se ramificam exclusivamente no âmbito da legislação; o que pomos em crise liga-se diretamente aquilo que nos dá estatuto de humano. Não podemos ficar indiferentes ao fato de que os dizeres destituidores, transmitidos em escala vertiginosa na internet e fora dela, ganham eco na sociedade de tal forma a constituir o agir comunicativo da esfera pública. É de admirar, por exemplo, que as palavras mal-ditas de Bolsonaro, um falastrão contumaz, para além das distorções jurídicas que provocam, não sejam vistas como algo que fere de morte o pacto de civilização, de onde emerge o humano.

Considerando que toda palavra, por definição, encerra uma palavra de ordem, como diz o filósofo Gilles Deleuze, não temos como ignorar o primado segundo o qual os enunciados "operam como direcionamento, num processo educativo, a tomadas de posição e obrigações sociais" (Gomes, 2003). Essas tomadas de posição mostram que os enunciados não se reduzem a mero instrumento do comunicar, mas, antes, configuram-se em dispositivos que vão delimitando campos, orientando práticas, definindo e ordenando a realidade.

O papel político das redes sociais, para além de sua dimensão informativa

À performatividade das redes sociais, que nos permite produzir textos e enunciados autorais, interagir em tempo real com o nosso interlocutor, desempenhar mais rápido e melhor nossas atividades, soma-se um aspecto político: num país em que a cultura do silêncio foi a tônica durante longevo tempo, em que o jogo comunicativo (tutelado pelos conglomerados de informação e entretenimento) foi desigual e tiranicamente decidido por poucos, o poder de emissão é algo realmente tentador. (Um breve desvio: há quem considere que a banalização da experiência cotidiana advém desse suposto "poder" e nos faz abrir mão de critérios estéticos: postagens de prato de comida, selfies sucessivos, imagens de pessoas nas pistas de pouso dos aeroportos como prova inequívoca de que viajaram ou estiveram em algum lugar são manifestações kitsch, bregas, que vulgarizam a partilha do sensível, mas que nos convertem em publicistas, o que não deixa de ser fascinante).

De uma cultura democrática espera-se equilíbrio na ação comunicativa, hoje densamente midiatizada. Direito à comunicação e, nos dias de hoje, à emissão, tornou-se um imperativo. De acordo com Marilena Chauí, a democracia possui uma forma sócio-política definida pelos princípios da isonomia (igualdade dos cidadãos perante a lei) e da isegoria (direito de todos de exporem suas opiniões). Não é à toa que o direito à imagem, à honra, à privacidade, à informação e à liberdade de expressão estão inscritos na lápide dos direitos fundamentais, intensamente requeridos nos dias que correm e mais facilmente alcançáveis por força dos formidáveis recursos de comunicação.

Portanto, quando falamos em interdição, não estamos evocando a censura, o autoritarismo ou qualquer tipo de cerceamento da liberdade de expressão, que deve ser um valor supremo, inegociável (enquanto termino esse texto, o mundo se vê estarrecido com a bárbara notícia do ataque terrorista ao semanário francês "Charlie Hebdo").

O embaralhamento e/ou a equivalência dos dois termos (interdição/censura) vem atingindo em cheio o coração daquilo que possibilita a assunção do humano e a consolidação do pacto civilizatório. Dizer interdição, no campo da linguagem, é aceder ao princípio de que a nós, mulheres e homens, não nos é dada a possibilidade de atravessar fronteiras abertas pelo mundo sob pena de transigirmos nossa humanidade.

Decididamente, não se pode dizer tudo que se pensa ou que se quer. Lembremos os ensinamentos de Freud: a ordem simbólica se faz por cortes e interdições por onde a sociabilidade se torna possível e se tece o humano, e caminhemos com Deleuze, "um enunciado realiza um ato e o ato se realiza no enunciado".

Quando lembramos alguns trágicos acontecimentos que foram gestados nas redes sociais e ganharam materialidade nas ruas, a frase de Deleuze ganha profunda dimensão política e nos convida a ficarmos atentos à plataforma ruidosa das redes sociais. Adauto Novaes advertiu que "nenhum espírito pode ficar indiferente à tagarelice do mundo". Como esquecer a sanha persecutória a Fabiana Maria de Jesus, no Facebook e congêneres, que culminou no seu desumano linchamento no Guarujá? Os comentários e curtições em relação à vítima apontavam para a tragédia, que se anunciava fora das fronteiras do território de onde supomos habitar. Esfolar, trucidar, degolar, decapitar, escalpelar... Esses e outros verbos compuseram a galeria de enunciados sem que alguma voz sequer denunciasse o inumano que eles comportam. A morte de Fabiane cumpriu-se, infelizmente, aos modos do que dela se enunciava. A celebração da barbárie pela turba ensandecida pareceu ser o mores da comunidade que legitimou o ato.

Os linguistas nos ensinam que os enunciados performativos são aqueles que realizam o ato na exata medida em que os pronunciamos (os verbos abençoar, prometer, benzer são exemplos clássicos). Insistimos com Deleuze e defendemos a ideia de que, para além dos enunciados performativos, em sentido estrito, as palavras em geral implicam desdobramentos. Pelo que se lê/ouve/vê nas redes sociais não é forçoso afirmar que habitamos um mundo perigoso, onde uma incubadora de ações que transige do humano se insinua por meio de palavras. O (a) leitor (a) poderia objetar afirmando que nesses espaços nem tudo é conspiração contra a ordem simbólica e que linchamentos, racismos, xenofobias não são decorrência das redes socais... Na ambiência digital também se exerce a ética do bem-dizer, o que é verdade.

Porém, é prudente pensarmos que a tecnologia é uma empresa/máquina prodigiosa de fabricar mitos. Servos da ideia de progresso, a cada invenção tecnológica enfileiram-se argumentos que demonstram o quanto avançamos na escala evolutiva. Assim como o mito de Prometeu, os artefatos tecnológicos e informativos acenam para um performatividade cada vez mais eficiente e, porque não, próxima da perfeição. Repetimos: além dos benefícios e conquistas, o desempenho comunicativo das redes sociais também comporta aspectos por onde se sacrifica o humano e por onde se pode encontrar algumas vias de reflexão para as questões que nos desafiam e convidam, em caráter de urgência, à Política, para reassumir o centro do debate. Mais do que instantaneidade de informações, compartilhamentos, trocas online, plasticidade dos conteúdos, as redes sociais sinalizam para pedaços de nossa história em que se divisa o projeto de civilização com o qual (des)acordamos. Apuremos nossa audição para os ruídos que de lá nos chegam, frequentemente sancionados pela experiência cotidiana.

Sexo e as negas:
quais os regimes de visibilidade possíveis?

A insurgência em torno dos regimes de visibilidade em voga

Desde que foi anunciado, o seriado da TV Globo, "Sexo e as negas", dirigido por Miguel Falabella, teve repercussão sísmica no tecido social: dos movimentos e organizações de mulheres negras aos setores preocupados em novos regimes de visibilidade de grupos historicamente discriminados, desenhou-se uma trajetória de amplo espectro. O raio de ação das (os) insurgentes espraiou-se em território amplificado, seja esse território real ou virtual. Além das manifestações públicas presenciais, a ubiquidade e a instantaneidade das plataformas digitais também laboraram em favor da ação política organizada. Uma torrente de comentários, artigos e depoimentos vem emergindo nas redes, outorgando ineditismo às formas de reação ao programa: ao modo das (os) enxadristas, que preveem com a máxima antecedência possível seus próprios lances e os da (o) adversária (o), diversas pessoas e grupos anteciparam a contraofensiva ao seriado sem que fosse preciso a exibição do primeiro episódio, no último 16. Pelo que se vê, essa "fortuna crítica" não apresenta mínimo sinal de esgotamento.

Assistiu-se, em primeira mão, ao desfile dos significantes estereotipantes e estigmatizantes que se acoplaram às protagonistas do programa, projetando identificações individuais que fundam as identificações coletivas. A *hashtag* "Sexo e as negas não me representa" ganha força explicativa nesse princípio, considerando que a posição-de-sujeito das protagonistas se define por uma coletividade.

**O seriado, a adaptação e a boa intenção do diretor:
onde está o racismo?**

Segundo Falabella, "Sexo e as negas" foi inspirado na extinta série americana *Sex and the city*, baseada no livro de mesmo nome, de Candace Bushnell, Scott B. Smith e Michael Crichton. Ambientada na cidade de Nova Iorque, a série versava sobre as relações íntimas de quatro mulheres. Uma comédia de situação que trazia temas relacionados ao lugar e papel da mulher na sociedade. Dono de um coração suburbano, como assim o definiu a poeta Elisa Lucinda, Falabella escolheu parodiar a matriz norte-americana sem o *glamour* das classes abastadas.

Ao invés de fazer uma série com mulheres da zona sul carioca, o diretor optou por transpor *Sex and the city* para o *habitat* das pessoas comuns, de "gente como a gente". Ouvindo a voz do seu coração suburbano, o diretor substituiu mulheres brancas por mulheres negras (o que seria mais apropriado, a meu ver, manter o programa no cenário edulcorado da zona sul, pois a paródia, quando não bem produzida, como é o caso em questão, escorrega para um campo estético e político duvidoso. Aliás, o diretor já demonstrou pouco dom para essa tarefa: que o digam os programas "Sai de baixo", "Toma lá, dá cá" e "Pé na cova"). A versão tupiniquim do programa relata a vida de quatro mulheres da comunidade de Cidade Alta, em Cordovil, no Rio de Janeiro: a camareira Zulma (Karin Hils), Tilde (Corina Sabbas), Soraia (Maria Bia) e Lia (Lilian Valeska).

Eis que flagramos a cena fundante, o ato de instituição que recorta campos onde o estereótipo encontra confortável abrigo a partir da posição-de-sujeito conferida a essas quatro mulheres: ao adaptar quase tudo (cenário, lugar, dilemas da vida prática, pertencimento racial), algo permanece sem alteração em "Sexo e as negas": o lugar narrativo detonador das histórias dessas mulheres emerge da voz de uma pessoa branca. A atriz Claudia Jimenez, na pele de Jesuína (ou vice-versa), de coadjuvante oficial passa a ocupar, na verdade, um papel de protagonista extraoficial, considerando que os relatos emanam dos nós discursivos que ela ata e desata. Soma-se a isso a narração em *off*, tarefa do próprio Falabella, um homem branco que não sai de cena, que não resiste a conduzir discursivamente o destino narrativo (e real) das "negas".

A essa altura, podemos inquirir: por que nesse expediente nenhuma alteração, já que quase tudo foi adaptado ao *modus vivendi* das ditas "mulheres de garra da comunidade"? Poderíamos abreviar a questão com o sintético e pedagógico enunciado: "é o racismo, estúpido!" Mas, como diz o adágio popular, "primeiro encontre, depois procure", procederemos ao modo de Drummond de Andrade, no poema Áporo, "um inseto cava/ cava sem alarme/ perfurando a terra/ sem achar escape"... Continuamos cavando à procura de escape, de pistas que nos forneçam elementos para avaliarmos como o racismo se configura no programa em exame. Se, a título de denúncia, dizê-lo racista possui força diamantina, para a compreensão do seu modo de funcionamento tal afirmação não é suficiente.

A propósito, um contra-argumento que circulou em demasia nas redes sociais e na imprensa em geral, advindo dos defensores do programa, e mais ainda de Miguel Falabella, é que o diretor não é racista. Disso dá testemunho o fato de ele ser o diretor que mais emprega atrizes e atores negros na emissora global, ter vários amigos negros, possuir uma ligação afetiva com o subúrbio porque é de lá proveniente, e por aí vai... As defesas, que se articularam com a rapidez de um raio, não mostraram-se consistentes para sair do campo dos afetos, dos comportamentos do indivíduo Miguel (sem o sobrenome para marcar a intimidade dos seus apoiadores) e das cenas consideradas um avanço na enunciação imagética de personagens negras (insisto: o avanço de um programa, no que diz respeito aos estereótipos, não se mede pelas eventuais cenas "positivas", mas nessas posições-de-sujeito).

A cada acusação de racismo que recai sobre o diretor, desfia-se um rosário de benfeitorias que ele empreendeu no território afirmativo de combate à discriminação racial. Em suma, pelas palavras da defesa, e pelos subentendidos que as habitam, tudo isso dá prova inequívoca de que no fundo ele está "do nosso lado" e que a estridência de uma certa militância negra só encontra chave explicativa pelo viés de um desajuste analítico, portanto, de injustiça sem par. Em tempo: se injustiça se corrige com reparações, o que representa a medalha que Falabella receberá da Faculdade Zumbi dos Palmares? (Ressalte-se, ainda, que as (os) amigas (os) que o defenderam são negros (as), em sua maioria: Elisa Lucinda, a atriz Sheron Menezes e sua mãe compõem a lista).

Os defensores de Falabella não levaram em conta, porém, que "ao falar, nós somos falados". Deixamos sempre escapar as molduras que nos guiam nas formas de concepção e atuação no mundo. A reação em cascata ao programa, oportuna sem dúvida, não pode ser desqualificada como patrulha sem fundamento. O lugar subalternizado, em termos de trama discursiva, das quatro mulheres negras corresponde "a posições-de-sujeito postas em discurso. "Claro que importa notar aqui que as mídias nos oferecem, o tempo todo, estas posições-de-sujeito assim como os critérios, ou seja, as condições de ocupação". (Gomes, 2009, p. 35). Parece ser daí que os significantes estereotipados de "Sexo e as negas" emergem e ganham força simbólica.

Frente a isso, somos provocadas a um duplo desafio. Enfrentar essas "posições-de-sujeito" na trama do seriado exige o esforço de irmos além do binômio racista/não-racista com o qual podemos enquadrar o programa e seu diretor. Aferrar-se apenas a esse julgamento deixa largas margens de indeterminação para o enfrentamento do racismo nas mídias, nos enredam em disposições opostas que se digladiam, porquanto as duas opções são irreconciliáveis para os defensores de "Sexo e as negas" e até mesmo para quem o ataca (um programa estereotipado ou racista não se coaduna com uma pessoa que não seja racista). Mas será?

O teórico camaronense Achille Mbembe, pensador dos estudos pós-coloniais, descreve o racismo como prática da imaginação. Neste caso, todo recurso que coloca o peso no sujeito da ação, no "Fato em si", nas cenas parciais e fragmentárias que atestaria um protagonismo artificial das personagens negras, pode ser visto como uma interdição ao imaginário. Advogar, incisivamente, a favor ou contra Miguel Falabella unicamente (isso não significa dizer que ele não deva ser responsabilizado), além de destacar o percurso de suas boas intenções, significa extrair do Fato seu suplemento imaginário, um ato de censura contra o significante que *desloca* esse Fato para um mundo pré-organizado por campos que hierarquizam e de onde emana o *visível*. Pôr em relevo essa outra cena, a do imaginário, nos leva ao campo da Política, pensado em seu sentido abrangente, de ser baliza para participação e intervenção no mundo. Mas como fazer essa intervenção em um território, como o das mídias, tão complexo do ponto de vista das materialidades significantes que maneja?

Sem sombra de dúvidas, a união entre Política e Imaginário desenha um horizonte em que poderemos construir um solo firme para retrabalharmos ou, mais ainda, implodirmos os significantes vigentes. Tal junção constitui-se num lugar importante para o qual convergem estudos sob a rubrica das políticas de reconhecimento, visto que consegue apontar as estratégias de formação discursiva das mídias e os processos de exclusão que lhe são intrínsecos. Num mundo em que ser é ser visível, tais processos se oferecem a embates políticos, a ações reivindicatórias de extrema urgência. Desse modo, essa intervenção significa entender os meandros das máquinas de produção e circulação dos discursos da atualidade, obrigando-nos, assim, a mapear os significantes que os acompanham.

Televisão e contratos de identificação

A televisão, a máquina mais expressiva de fabulação já inventada até o momento, constitui-se em um agrupamento de relatos que se sucedem diariamente, em um cenário narrativo onde se inscrevem as possibilidades de homogeneização das expectativas dispersas no tecido social. Com uma grade de programação que se repete diuturnamente, a TV parece confirmar o seu papel de, a cada dia, apresentar inovações. No fluxo da programação global, "Sexo e as negas" seria o novo que se estrutura como seriado.

Porém, sob o núcleo do novo que irrompe na programação televisiva, há algo que sempre retorna (esse retorno pode se dar em diversas dimensões e aspectos: tanto pode ser a continuidade do *novellus* discursivo dos programas [a telenovela espelha bem essa situação] quanto o ressurgimento de programas e formatos de tempos imemoriais, seja da própria TV ou de outros veículos). Essa repetição e redundância, traço essencial dos enunciados televisivos, torna explícito que algo insiste nos relatos.

A filosofia e a psicanálise nos ensinam que a repetição guarda um caráter transgressor, pois suscita sempre o diferente. Sob esse ponto de vista, ao repetir algumas fórmulas, os programas televisivos dão margem para o novo/outro. O caráter transformador da repetição assinalada por Gilles Deleuze nos dá a medida dessa operação: "o eterno retorno não pode significar o retorno do idêntico, pois supõe, ao contrário, um mundo (o da vontade de potência) em que todas as identidades prévias são abolidas e dissolvidas. Voltar é ser, mas apenas o ser do devir".

Freud descreve o movimento do *fort-da* (o para lá e para cá do carretel jogado pela criança na ausência da mãe), onde o espírito renovador da repetição se revela. Segundo ele, a ausência da mãe provoca uma situação faltante, para ambos, mãe e filho. O jogo, que tem como suposto o retorno do carretel ou da mãe, não retorna com o "mesmo"; trata-se de uma completude imaginária, nunca efetivada e, portanto, impossível de ser devolvida. Uma vez que não se devolve o mesmo, o que emerge dessa situação é "outra coisa".

Mas por que não conseguimos divisar o "novo", essa "outra coisa", de que nos fala a psicanálise e a filosofia, nas narrativas que contam a história de vida das quatro mulheres negras – as ditas protagonistas do seriado? Por que essa repetição nos redireciona ao já-dito, ao já-sabido? Por que as personagens, interpretadas por atrizes muito talentosas, foram esvaziadas de sua potência transgressora, visto que poderiam ocupar outras posições-de-sujeito e, assim, tornar plurais as histórias que se contam das mulheres negras nas narrativas ficcionais, donas de sua própria voz?

Ao que tudo indica, a operação que se efetiva é aquela esboçada por Lacan, a situação do disco-corrente, que canta o "discurso corrente", e nos faz falar como papagaios, que gira, mas se engata no mesmo lugar, "pois o que gira está destinado, por seu enunciado mesmo, a evocar o retorno: "(...) ele gira, ele corre, ele gira muito exatamente para nada". Trata-se de uma repetição que fixa, que represa o movimento do novo.

A noção de contrato, debate recorrente no universo da comunicação, nos prové ferramentas para fazermos o disco girar sem que ele se engate em restos de significantes herdados pelas marcas da repetição, sem que traga vestígios de traços caídos de signos com data de validade vencida. O contrato diz respeito a uma ação comunicativa em que um discurso se instala ou reinstala em categorias facilmente identificáveis. O código precisa alcançar universalidade, ser reconhecido sem grandes obstáculos. Preguiçosamente, esses códigos acomodam-se a estereótipos e estigmas no espaço das mídias. O quadro em que as narrativas verbovisuais se deixam pintar recorta o mundo a partir de certo enquadramento.

Assim, parece que o posicionamento discursivo das protagonistas do seriado em lugares já previamente delimitados e conhecidos encaixa-se no código "facilmente identificável": mulheres que não são associadas ao lugar de poder (a cena da pulseira em que a colega branca entrega o objeto para uma das personagens, sabendo de antemão que estando com ela estaria num lugar seguro, visto que ninguém se atreveria a pensar que aquele corpo negro portaria algum objeto de valor; a remissão ao falo do homem negro, sempre evocado pelo tamanho de grandes proporções; o sexo fácil em noites desalentadoras...). Como que tentando brincar com a ordem imaginária, por vezes o programa tenta nos iludir, operando algumas inversões simplistas, o que confere aparente protagonismo e poder às mulheres negras: o poder do falo parece em alguns momentos transferido para uma das personagens, que escolhe onde quer manter relações sexuais para depois fazer troça do tamanho do órgão sexual do seu parceiro. Por serem assaz simplistas, tais inversões não conseguem instalar outra ordem discursiva.

Insistiriam os defensores de "Sexo e as negas" e de Miguel (permaneço aqui sem citar o sobrenome) na cantilena de que é mais ou menos assim, como o seriado as retratam, que as mulheres negras vivem, que a Globo orientou-se por pesquisas abalizadas pelas experiências desse grupo (o que não é verdade). A enunciação de tais crenças é um atestado de que o imaginário cria as ilusões necessárias, o que faz parecer, assim, "natural" que o mundo se constitua tendo, por exemplo, a beleza como correlata da brancura, o sucesso como algo sucedâneo da trajetória de mulheres e homens brancos. Isto significa que é do imaginário que se edificam as nossas construções sociais, que se sedimentam junto às nossas precárias certezas que fazem corresponder *imagem projetada e realidade vivida*. Mas não nos enganemos: o significante não trabalha por conta própria, pois ele dedica-se o tempo todo a apagar os traços de seus passos, a abrir-se, imediatamente, à transparência de um significado, de uma história que é na realidade fabricada por ele, mas que ele aparenta apenas "ilustrar".

Ora, mesmo que traga cenas "diferenciadas", numa escala positiva, como querem ver alguns, "Sexo e as negas" não consegue dialogar com o espírito do tempo. A despeito dos dados que ainda apontam a presença majoritária de mulheres negras em espaços subalternizados, inquestionáveis deslocamentos vêm acontecendo nos últimos anos: para além de mulheres lutadoras, que labutam nas posições mais desprestigiadas, adentramos, também com luta e inteligência, à universidade (é sintomático nenhuma delas fazer universidade, considerando que o Prouni alargou a entrada dos mais pobres), somos médicas, adentramos o magistrado brasileiro, marcamos presença nas engenharias, na astronomia. Será que tais deslocamentos visíveis no tecido social não dialogam com os códigos que se apresentam como novo nas narrativas da TV e congêneres? Tais alterações foram tão insignificantes a tal ponto de não conseguirem desengatar o disco que se engata no mesmo lugar? Uma advertência: mesmo que essas mudanças não tivessem ocorrido no plano da vida concreta, ainda assim, a necessidade de o disco girar efetivamente converte-se, em um país hierarquizado racialmente, em um imperativo político porque capaz de tirar mulheres negras do aprisionamento provocado pelas ruínas trazidas pela palavra que nomeia, portanto, ordena e acomoda. Trata-se de políticas de representação levadas a cabo até em países onde a população negra é minoritária.

A coisa se complica quando voltamo-nos para os paradigmas em voga, para os padrões que guiam as rotinas produtivas da comunicação midiatizada. Inegavelmente, as mídias remodelam seus discursos de acordo com tais paradigmas forjados pela ordem do mercado. Tornou-se moeda corrente se dizer que o "mandato do leitor" (por leitor, entenda-se telespectador, internauta e outras derivações) é o paradigma contemporâneo que orienta o fazer das empresas de comunicação. Quem ousa não ouvir a voz do leitor está fadado ao fracasso. E o leitor, nesse caso, não sou eu, nem você, individualmente, mas coletividades por onde se insinuam as tendências, mudanças e demandas.

Quer nos parecer que, em se tratando de narrativas sobre e para mulheres negras, a mídia, em geral, despreza solenemente a voz do seu leitorado. E quando falo em desprezo não estou me referindo apenas ao apelo de uma militância institucionalizada (que é uma voz legítima e, que, portanto, deveria ser ouvida), mas também ao leitor coletivo, as mulheres negras do nosso país. Nesse ponto de minha escrita, invade-me o pensamento da escritora indiana, radicada nos Estados Unidos, Gayatri Chakravorty Spivak, em *Pode o subalterno falar?* Para ela, não está em jogo apenas o poder da fala, mas o poder de ser ouvido: eu só posso falar se eu puder ser ouvida. Lembremos da frase célebre com a qual Lélia Gonzalez, fundadora do feminismo negro, principia uma de suas apresentações: "Agora o lixo vai falar. E numa boa..."

Ao fazer incômoda afirmação, marca o lugar antecedente de subalterna que, no momento mesmo dessa enunciação, ela rompe.

Não é leviano inferir que, ao produzir um programa como o "Sexo e as negas", a Globo não ouviu este sujeito coletivo. Não ouviu, como também não viu. Não combinou com os russos. Lenda ou não, tornou-se corriqueira a afirmação de que a emissora não se arrisca em produções novas sem antes se acercar de todas os aspectos que as envolvem. Procedimento que não foi adotado para o polêmico seriado (a escolha do nome, a centralidade de Claudia Jimenez no início do primeiro episódio [por que as personagens precisam de outras vozes, de Falabella e de Jesuína, para a constituição dos laços que dão liga ao programa? A voz de outrem, seguindo os passos de Spivak, é um fantástico sintoma). Mas por que esse "descuido" na produção de "Sexo...?

Parece que é porque, para a Globo, ainda não atingimos o patamar de seres que podem ser vistas/ouvidas, a não ser pelos olhos e ouvidos de outrem. Desse modo, de episódio a episódio, o seriado nos aprisiona no lugar da subalternidade, mantendo nas sombras as nossas múltiplas formas de ser e estar no mundo.

Jornalismo, imagem e poder:
repertório para as representações raciais

> *Toute image du pouvoir se fonde sur un pouvoir de l'image*
> (Toda imagem do poder fundamenta-se sobre um poder da imagem).
> Dominique Colas

Que as mídias, inclua-se aí as chamadas redes sociais, converteram-se em vetor constitutivo das realidades sociais é fato incontornável; que são responsáveis por organizar e hierarquizar a agenda de debates, definindo as prioridades temáticas que incidem no espaço público, ninguém mais duvida. Não é sem propósito que anotações de pesquisadores de diversos canteiros teóricos convergem para uma constatação inevitável: com o enfraquecimento de instituições e discursos antes ordenadores do tecido social, os sistemas de informação infundem-se como protagonistas na promoção de laços sociais, de partilha, porque agenciadores dos regimes de visibilidade em voga.

Acentua essa tendência o fluxo ininterrupto de recursos imagéticos a que somos submetidos pelos múltiplos canais de comunicação, onde artefatos diversos jorram nas telas (de TV, do computador, dos celulares) e em outros suportes. Decididamente, somos banhados nas imagens que se põem à nossa frente e com elas redefinimos as identidades fluidas que nos habitam. Lembremos: a etiqueta "civilização da imagem" já serviu para dar conta dessa realidade. Nesse sentido, tornou-se moeda corrente a afirmação que reza vivermos numa época marcada pelas tecnologias do visual, com imagens de vários matizes hiper povoando o mundo.

Desde o traço mais antigo, desde os desenhos nas paredes de Lascaux até as efêmeras produções digitais, a imagem afigura-se como polo de atração para as trocas sociais. A superabundância de "dispositivos do olhar" torna o mundo legível porque visível; irrevogavelmente, jornais, revistas, outdoors, busdoors, telas eletrônicas e digitais tornaram-se parte indissociável e marca fundamental da paisagem cotidiana.

Lipovestsky diz que a era do vazio, esta em que vivemos, é a era da comunicação como forma de contato, expressão de desejos, emancipação do jugo utilitário, preponderância da forma. A profusão de imagens, insistem os teóricos da hipermodernidade, corresponde a uma época desregulada, saturada, protuberante, hiperbólica, transbordante.

Como era de se esperar, essa inelutável realidade confere novos atributos à dinâmica social, pondo em relevo dimensões-chave das mudanças de que somos testemunhas, tocando em cheio no coração daquilo que é designado hoje como poder.

Lançando mão da frase que encabeça este artigo, "toda imagem do poder funda-se sobre o poder da imagem", inquirimos: de que modo podemos tomar o repertório de imagens que circulam cotidianamente como um manancial para examinarmos tópicos como representação, identidade/ identificação, poder e outras derivadas? Em que medida as imagens subscrevem e reforçam os portadores de poder e os que são dele destituídos?

De que modo podemos reivindicar do jornalismo uma outra gestão da imagem de grupos historicamente discriminados, já que enseja processos discursivos que fundam os quadros de referência de que se alimentam as representações sociais?

Num mundo em que "ser é ser percebido" (esse est percipi), como afirmou Georges Berkeley, o poder que a imagem nos confere, ainda que volátil, é um poder que seleciona e recorta padrões, que institui ideais culturais, portanto, é um poder que, ao tornar visível, hierarquiza o visível e invisibiliza. É um poder em conluio com a noção de ideal de eu, a instância psíquica que acompanha cada um de nós ao longo da vida enquanto figura do que devemos ou desejamos ser e outorga primazia a seletivos campos cognitivos, a vetores que nos orientam na apreensão ou percepção do mundo.

Nessa sociedade hiper, protuberante, transbordante, tudo ou quase tudo parece se render à lógica das aparências e do espetáculo (o Facebook que o diga). Sem muitas resistências, o jornalismo, atividade capital das mídias, já acedeu a essa lógica faz tempo.

Porta-voz dos ideais de pluralidade e democracia, tece seus discursos conforme a tendência do mundo contemporâneo. Mais do que zelar pela coisa pública, dever responsável pela sua fundação, o jornalismo manufatura suas notícias levando em conta a chamada sociedade da sensação, onde as imagens desempenham papel preponderante. Segundo Muniz Sodré, "o que conta aqui não é a opinião argumentada, mas a opinião emocional ou afetual" (o que justifica o fato de os selfies do presidente Barack Obama com o primeiro-ministro inglês, David Cameron, e a premier dinamarquesa, Helle Thorning-Schmidt, no velório de Nelson Mandela, renderem mais comentários do que a imagem marcante que flagra Obama cumprimentando o líder cubano, Raul Castro, – acontecimento que inegavelmente interessa à política mundial. Com o primeiro feito, o presidente americano entrou no *trending topics* mundial do Twitter).

Alguns lances de reflexão sobre o poder, à luz de sua visibilidade, talvez nos forneçam alguns endereços de provisórias respostas para esses deslocamentos na esfera jornalística.

O poder e sua encarnação midiática
O pluralismo político-ideológico e a abertura da mídia certamente relativizam o poder. Graças à imprensa em geral, a interlocução entre poder e opinião pública se torna maior e leva os representantes políticos a se exporem mais, posto que desejam ser ouvidos/vistos e são forçados a se mostrar. A representação por imagens (fotos, paginação de jornal impresso, imagens jornalísticas na televisão e na internet) se torna absolutamente central: o que a mídia irradia não é apenas o que ela representa, dá a ver e a entender; é a própria luz, aquilo que permite ver: fora das mídias, o mundo em torno de nós cessa de existir. Assim como o sol é a energia do visível, o que dá a ver e dele vem a luz, a condição/causa incontornável da visibilidade, as mídias permitem ver o poder, vetorizam seu sentido, seu valor e sua força, ao mesmo tempo em que são o emissor, o holofote sem o que não há, hoje, o que enxergar. Mais do que o poder absolutista, cuja luz provinha de outro poder maior, da mídia emana o próprio poder. Inegavelmente, o poder de visibilidade se deslocou e muito: o que dependia em primeiro lugar da encarnação do poder, da afixação de si, é hoje sujeito a outras leis, a serviço de redes e órgãos, em grande parte privados, que dispõem do visível, determinam a cota do visível que darão ao poder, o encaixam e o organizam conforme padrões próprios, dentro de paradigmas de mercado que tendem globalmente a privilegiar o status quo social.

Mas toda essa engrenagem é posta em funcionamento sob o verniz do pluralismo de vozes. Parte significativa do espaço/tempo que a imprensa dá aos assuntos que nos concernem (família, religião, trabalho, moradia, transporte, lazer, relações pessoais de todo tipo), seja em formas jornalísticas, seja em formas ficcionais ou em outras modalidades de narrativas verbo-visuais, nos leva a acreditar, a título de ilustração, que pobres e ricos coexistem tranquilamente, que falas entre grupos sociais distintos hierarquicamente fluem sem que escondam injustiças. Normalmente, tais narrativas não põem em discussão a convivência, como que normalizada, de categorias sociais frontalmente subalternizadas com camadas privilegiadas.

Embora a civilização do poder "naturalmente encarnado" e ostensivo nos seus aparatos (dinastias, elites de privilégios) tenha sido esquecida, o poder de apresentação das mídias, em termos bem genéricos, não expõe nem torna visível o poder que deveria – em conformidade à ordem democrática – ser das maiorias, transformando o convívio social. Certos deslocamentos do poder de tornar visível abrem espaços mais do que apreciáveis à critica, à revolta e à oposição; todavia, normalizam e banalizam tanto o mundo do dinheiro e do interesse como o fosso entre trabalho manual e intelectual, tornando-o invisível. Mazelas do nosso mundo são evidenciadas, mas parece, se formos realistas, que servem mais, de modo extremamente equívoco, a servir de biombo, enquanto denúncias, à lógica da venalidade e do lucro, de disparidades sociais generalizadas. A luz cria sombras e não parece exagerado dizer que as sombras continuam imensas, indevassáveis. Nestas sombras, corpos de homens e mulheres negros reivindicam outra visibilidade, a visibilidade que empodera e humaniza.

As novas mediações e o estatuto do poder

Essas mudanças, verdadeiras transfigurações, não são evidentemente pensáveis sem o papel fundamental que as mídias desempenham na visibilidade do poder, em que a imprensa escrita teve durante "longo século" papel primordial. O modo pluralista (jornais de várias tendências), que se pode dizer sistêmico, os conteúdos críticos da imprensa, a interpelação junto ao poder público de que a mídia é fonte ou mediação (representando grupos sociais) serviram ao longo do tempo para consolidar e tensionar a democracia.

Pensando na corporalidade desse poder, não é difícil detectarmos que ele aparece diretamente visível, em pessoa, nas imagens das coberturas televisivas e online quando, por exemplo, uma personagem pública faz uma declaração, participa de um evento e de campanhas eleitorais, dá entrevista ou, por fim, dá oportunidade à assunção de um fait- divers (caso amoroso ou algo assim) não fosse pública a função exercida. A face, o jogo corporal, a voz, tudo se torna familiar. Uma relação quase íntima pode se estabelecer: a presidenta pode chorar na nossa frente, sua voz pode embargar.

Surpreendemos sorrisos, confabulações com o ministro que está ao lado, olhares de admiração para formas femininas, amuos entre cônjuges em cerimônias oficiais, caretas de desconforto entre presidentes rivais. De um lado, a pessoa pública se permite ser mais "humana"; do outro, ela não pode escapar sempre às câmaras onipresentes e escrutadoras. O poder se aproxima: assistimos a representantes parlamentares trocando injúrias e socos e, no mesmo lance, o poder se confirma, se reafirma: a imagem da autoridade em questão realça sua importância. O cargo e a função exigem realce, e a fotografia ou a cena fílmica podem mostrar um poder pungente ou hilário. A instituição encarnada existe, mas sua visão cotidiana – sua visibilidade vulnerável – tende a desconstruir o caráter sagrado do poder.

Alguns lances históricos
Poder e visibilidade é binômio que remonta ao século XVII e lembra a figura do rei sol, Louis XIV, e outras cortes absolutistas, onde a figura do poder se mostra, onde ser visto, contemplado e reverenciado evidencia e exalta a supremacia de "quem manda e de quem pode"; onde os cerimoniais existem para projetar a figura do poder em torno de algumas eminências (incluindo alto clero, que falta em modéstia e humildade). Quanto mais próximos dos poderosos, mais podemos ver junto a ele senhores, prelados etc., participando da áurea desse sistema estelar.

Nobres sempre escoltados, sempre vestidos em roupas que os marcam; a distribuição dos bancos nas igrejas e nas procissões; andar a pé, de carruagem, a cavalo: o poder dos estamentos se mostra, se desprega em público e os populares fazem da ostentação dos seus superiores privilegiados uma fonte de alegria, deleite e até de deboche. É uma ordem "natural", mas ostentada para se firmar. Não é, porém, apenas a figura e a figuração dos expoentes que expressam o poder, que se expõem ao olhar, mas também toda sociedade acede a esses trejeitos, que lentamente se deslocam da ordem estamental de cerimônias e rituais, da norma das preeminências e da hierarquia.

A outra marca do poder visível, além das grandes festas, celebrações e cerimônias, são evidentemente os monumentos erigidos para manifestarem o desejo de glória (Versailles é exemplo adequado). São evidências da preeminência, da soberania que demonstram, justamente, grandeza e força. As cerimônias celebrativas e comemorativas das festas nacionais se arrastam até hoje, no papel de ostentar, oficializar e legitimar o poder pela sua estética visual e sonora.

Imagens do poder e homens públicos
Vários fatores históricos e socioeconômicos (essencialmente, a democratização das sociedades ocidentais, a formação de uma opinião pública e de uma sociedade civil baseada no direito e no mercado) fizeram a tradução visível do poder se modificar totalmente. Pensemos em figuras como o presidente Barack Obama, François Hollande ou mesmo Lula, ilustrações expressivas, sem dúvida. O exercício "visível" do seu poder atua em conformidade com um novo padrão: tudo o que havia de hierárquico nas posturas dos dominantes não simplesmente desapareceu, mas está na lógica atual contrariar as antigas marcas da "eleição privilegiada". Obama aparece nas tribunas leve e solto, pois o

presidente norte-americano se mostra, por meio de gestos e falas calculadas, de forma simples, direta e coloquial nos gestos e na postura. O presidente francês, por sua vez, fez profissão de fé pública de despojamento, quase que de humildade, um homem cujo poder não afeta a simplicidade ostensiva estampada no esgar e nas atitudes. Poderíamos fazer comentários semelhantes a propósito do ex-presidente Lula: seu tom e estilo nos palanques e nas entrevistas refletem e representam geralmente o homem do povo, falando de igual para igual; Lula tem, aliás, uma irresistível pulsão em se aproximar fisicamente dos que o cercam, em tocar os seus interlocutores, quando não em abraçá-los (o homem de poder tradicional marca a distância que simboliza a distinção e facilita com isso o mando).

O homem de Estado democrático, os representantes eleitos, tendem, já há tempo, a apagar mediante o público e as plateias, os traços que outrora significavam, não o podemos esquecer, a sacralidade do poder. O poder se aproxima do povo constitucionalmente soberano, e arrisca se banalizar ao tornar expressiva essa soberania representada (nos dois sentidos, de delegação de poder e de encenação) de que se torna simbolicamente o mero porta-voz. O que essa mudança de estatuto do poder, em face nos regimes de visibilidade, tem a nos instruir quando pensamos na pedagogia dos signos que circulam infatigavelmente? O mero registro de aparências dos nossos tempos, que perdeu a força transcendente que havia possuído, tem caráter pedagógico para a visibilidade do poder.

Imagem, poder e jornalismo

Ora, as substantivas mudanças de produção e propagação de imagens do poder, as estratégias para ganhar visibilidade (em excesso), o incessante investimento nas aparências e no capital afetivo/subjetivo – efetivadas em função dos novos/outros estatutos que redefinem os códigos sociais – não atingem somente as raias do poder político stricto sensu. Por extensão, agem prodigiosamente entre nós, cidadãos comuns, "pobres mortais", impelidos que somos a nos mostrar cada vez mais e mais, a falar, sem cerimônias, da vida privada, de revelar intimidades (um gigantesco banco de imagens de pessoas anônimas desfila em nossa frente nas redes sociais e a manifestação dos estados de espírito/emocionais banalizou-se em alto grau [o tal do "se sentindo isso ou aquilo" no *Facebook*]). Tudo isso joga com os novos padrões relacionais emergentes e se alojam nas máquinas de discurso da atualidade de modo a provocar rearranjos monumentais naquilo que outrora chamávamos de interesse público. O jornalismo é um exemplo bem-acabado desse processo.

Numa sociedade em que o princípio da transparência, herdado da ideologia das Luzes, tornou-se condição *sine qua non* para a construção da democracia, o jornalismo converteu-se em termômetro para medir os valores modernos. A especificidade do relato jornalístico é da ordem do, digamos, "compromisso social". É o ato de fundação da atividade jornalística que confere a ela singularidade: filho legítimo de duas Revoluções, a Industrial e a Francesa, o jornalismo institui-se como prática ligada aos ideais de emancipação, transparência, pluralismo e modernidade.

Quer nos parecer que desses ideias da atividade noticiosa restou apenas o desejo por transparência, mas não aquela que é indispensável para o espírito republicano; trata-se de um tipo de transparência bisbilhoteira e superficial. Ainda no encalço de Muniz Sodré: "Com os desdobramentos tecnológicos da mídia massiva, deu-se um alargamento da esfera pública, mas apenas em suas dimensões materiais ou funcionais, sem real correspondência histórica com o que antes significavam política e cultura para a consolidação da república burguesa. O funcionamento do que se chamou "indústria cultural" não exigia mais do que a eficácia dos fluxos informacionais e a mobilização da atenção pública pela retórica diversificada do entretenimento".

Sem a musculatura que lhe deu força inicial para a formação da esfera pública, o jornalismo ganha sobrevida no cenário contemporâneo pela via da sensação, emitindo uma torrente de estímulos com imagens que não cessam, que não se esgotam, que não param de brilhar à nossa frente. Uma plataforma que se retroalimenta do hipernarcisismo, do gosto pelas novidades, da promoção do fútil e do frívolo (lembremos novamente do selfie do presidente Barack Obama no velório de Nelson Mandela) e da supremacia da ideologia hedonista, dá sentido à avalanche de notícias que nos são ofertadas como importantes. Depomos nos olhares nessas imagens, que anunciam os acontecimentos ordinários, e tecemos nova visão recortada do mundo. A transparência do mundo é correlata, nos dias de hoje, ao acesso a imagens que primam pelas aparências.

Retomando os nossos questionamentos iniciais: em que isso estabelece laços de vizinhança com as identidades e representações sociais? No estoque infinito de imagens, homens e mulheres negros ainda são desprovidos de poder, porque ainda fixados a padrões imagéticos que os aprisionam em lugares plenos de destituição de sua humanidade. O ideal do eu, a instância psíquica que acompanha cada um de nós ao longo da vida enquanto figura do que devemos ou desejamos ser, conforme já assinalamos, se forma e cristaliza via imagens, distribuindo poder a quem é portador de signos capazes de representá-lo (de beleza, de felicidade, de austeridade, de inteligência...). Corpos de Claudia Silva Ferreira, de crianças vendidas como escravas no site de vendas Mercado Livre, de jovens, em sua maioria negra, acorrentados a postes nas grandes cidades do país, nem remotamente carregam os índices desses ideais culturais de que a imprensa se nutre para a visibilidade do mundo. Ao pluralismo de vozes no jornalismo deve corresponder o pluralismo de imagens, para que os regimes de visibilidade que orientam a publicidade de homens e mulheres negros não sejam regimes de exceção. Afora jogadores de futebol e artistas, a visibilidade do poder ainda se encarna em corpos que, mesmo desapegados do poder sagrado de outrora, tem a inscrição de signos que reafirmam o humano, signos esses sistematicamente subtraídos da população negra nos dispositivos imagéticos que chegam até nós (pautas sobre comportamento, política, ciência, flagram insistentemente a ausência de negros). Portanto, pensar num jornalismo democrático é pensar, antecipadamente, nos pactos estabelecidos para a visibilidade e transparência do mundo.

*Este artigo foi apresentado no I Encontro Nacional de Jornalistas pela Igualdade Racial (Enjira), no 36º Congresso Nacional de Jornalistas, promovido pela Fenaj de 2 a 6 de abril, em Maceió (AL).

Questões de gênero, racismos e afins

O traço e a marca de Luiza Bairros: um arquivo para o dia Internacional da Mulher Negra

> *"O meu material é minha cabeça e meu gogó".*
> Makota Valdina

A escrita, a memória, o arquivo

No último 12 de julho recebemos a infausta notícia da morte da ex-ministra e liderança do movimento negro, Luiza Bairros. A dor da perda e a recusa do indesejável fato se juntaram a um sentimento de que Luiza, como tantas outras, nos deixou muito cedo. O desconhecimento público do estado de saúde da ex-ministra, que optou por partilhar do diagnóstico com um círculo restrito de amigos (escolha frequente em casos similares), acentuou essa percepção. Como o desfazer das nuvens pelo vento, Luiza se foi abruptamente, disseram alguns, e a sua passagem não possibilitou despedidas antecipadas, reforçando ainda mais a ideia de que a efemeridade e a transitoriedade da vida são inexoráveis.

Se a vida é efêmera e a obra é perene, de que modo dar continuidade ao legado de Luiza Bairros? Em que sentido podemos postular a existência de uma obra em sua trajetória? Como preservá-la e difundi-la?

As homenagens em fluxo contínuo, nas redes sociais e em outros espaços, a Luiza, deram destaque a uma pequena mostra do seu pensamento: "somos herdeiros de uma luta histórica iniciada por muitos antes de nós". Eis um enunciado que oferece endereço de resposta para as interrogações acima formuladas. Me refiri em outros momentos que, se somos "a letra da palavra que nunca se completa", estamos todas (os) engajadas (os) na tarefa inadiável de (re) construir, letra a letra, uma História que não finda, mas que reclama por alguma representação. História que Luiza Bairros escreveu de modo a inventar um país e um mundo para que pudéssemos existir, como bem lembra a ativista e feminista Vilma Reis.

É possível, assim, inserir a letra de Luiza num *continuum* em que a escrita é plataforma sobre a qual construímos história e memória. De forma contundente, sem nunca abandonar o refinamento, essa militante de proa concebeu a inserção da luta antirracista e anti-sexista na dinâmica do espaço público como um imperativo ético e uma urgência política, atribuindo novas significações ao mundo por meio da significação que ela própria enseja. Quando falamos em obra, estamos falando do jogo do ofício de escrever, da tarefa de dotar as coisas do mundo em coisas de linguagem, plenas de sentido. É preciso alertar para a noção de escrita que move este texto-homenagem: a escrita não é apenas o que se inscreve sobre o papel ou a tela; é, antes, uma operação que indica uma diferença que rompe com o nebuloso e estabelece uma marca que singulariza o que antes era indecomponível. Sob essa ótica, a escrita tem um papel fundante, de fixação das marcas do ser, uma vez que sem ela o "ser humano não se diria enquanto ser humano". Pode-se, desse modo, falar de uma obra de Luiza Bairros, posto que em sua trajetória de vida ela não se conformou em pôr em marcha a ordem discursiva já em curso, mas instaurou uma outra com um traço singular, pontilhado de perspicácia, inteligência e compromisso.

Ora, se a escrita institui um traço, uma singularidade por meio de qualquer suporte (oral, impresso, gestual, corporal), uma das tarefas primordiais para as mulheres negras no tempo presente é captar o traço singular de Luiza Bairros, que deixou marcas, filetes de significação, no espaço público (seja no âmbito da militância negra e feminista, seja na esfera do poder público ou de organismos internacionais), fixando os vestígios de sua escrita nas diversas iniciativas que foram aventadas e consolidadas em prol da população negra no Brasil.

Gaúcha de Porto Alegre, Luiza Bairros era formada em Administração Pública e de Empresas pela Universidade Federal do Rio Grande do Sul (UFRGS), mestra em Ciências Sociais pela Universidade Federal da Bahia (UFBA) e doutora em Sociologia pela Universidade de Michigan (USA). Radicada em Salvador desde 1979, foi uma liderança do Movimento Negro Unificado (MNU); trabalhou em programas das Nações Unidas contra o racismo, em 2001 e em 2005; foi titular da Secretaria de Promoção da Igualdade Social da Bahia, de 2008 a 2010; e ministra-chefe da Secretaria de Políticas Públicas da Igualdade Racial, de 2011 a 2014. Além disso, foi uma generosa, dedicada e primorosa pesquisadora da história do movimento negro brasileiro e de seus personagens, empenhando-se em sistematizar o legado da feminista negra Lélia Gonzalez.

Dia Internacional da Mulher Negra Latino-Americana e Caribenha: Luiza Bairros presente!

Neste 25 de julho de 2016, pleno de atividades Brasil afora, Dia Internacional da Mulher Negra Latino-Americana e Caribenha[1] e de Tereza de Benguela,[2] precisamos percorrer a trajetória do traço de Luiza para, a partir dele, continuarmos a escrita da palavra que não se completa, numa perspectiva diaspórica, internacionalizada, da qual ela foi uma importante voz. Com Tereza de Benguela e tantas outras lideranças latino-americanas e caribenhas, o dia de hoje convoca uma reatualização da luta das que vieram antes nós, inserindo Luiza nesse repertório de antecedências e fundamentos, abrigando a sua obra no arquivo do mundo, sobrelevando seus gestos para a mudança sociorracial e de gênero no Brasil.

No "I Seminário Biopolítica e Mulheres Negras: práticas e experiências contra o racismo e o sexismo", realizado pelo Ministério Público (MP) de Salvador na semana passada (20), a mesa de abertura versou sobre a "Escrevivência negra como difusão da intelectualidade afro-brasileira". Na ocasião, Makota Valdina, Conceição Evaristo e eu propugnamos que é preciso dar visibilidade ao traço que compõe a escrita das mulheres negras, imprescindível que é para a composição da obra humana, constituída por uma rede intrincada de iniciativas exitosas que nem sempre conseguem dar nome e protagonismo a essas mulheres.

Se "não se pode interpretar a obra a partir da vida, mas pode-se, a partir da obra, interpretar a vida", a obra de Luiza nos dá a possibilidade de interpretar um comum que atravessa as nossas vidas, solicitando, num movimento simultâneo, que construamos, a partir desse comum, algo singular, capaz de nos inserir no mundo com uma marca que faça diferença e (re)inaugure a humanidade inteira. Sabe-se que uma obra requer *armazenamento* (inscrição, fixação) e *circulação*– modalidades que compõem o arquivo, embaladas por um fluxo dinâmico, em estreita afinidade, distante das dicotomias que enxergam alternâncias.

A cosmovisão africana adota a metáfora do *rio* e da *casa* para ilustrar, respectivamente, as noções de circulação e de fixação, ofertando elementos fundamentais para a instauração da obra humana. O rio é um dos símbolos

---

[1] O Dia Internacional da Mulher Negra Latino Americana e Caribenha, comemorado em 25 de julho, é um marco internacional da luta e resistência da mulher negra contra a opressão de gênero, o racismo e a exploração de classe. Foi instituído em 1992, no I Encontro de Mulheres Afro-Latino-Americanas e Afro-Caribenhas, para dar visibilidade e reconhecimento à luta das mulheres negras nesse continente.

[2] Liderança no Quilombo do Piolho, também conhecido como Quariterê, no atual Estado do Mato Grosso, Tereza de Benguela foi um ícone da resistência negra na época do Brasil Colônia. Comandou a estrutura política, econômica e administrativa da comunidade negra e indígena, até o quilombo ser destruído pelas forças do então governador da capitania hereditária.

mais poderosos que ilustra a efemeridade e transitoriedade da vida, aquilo que circula. A *casa* sintetiza o sentido do que acomoda e acolhe. O *rio* corresponde à evanescência da matéria e à irreversibilidade corrosiva e trágica do tempo. A *casa* concerne ao abrigo e à permanência. Não há rivalidade entre eles; ambos laboram para a constelação simbólica do fazer humano.

Nessa inevitável articulação entre *rio* (o que circula, o que se propaga) e *casa* (o que se armazena, se fixa e se inscreve/escreve), encontramos as trilhas abertas para a reformulação do arquivo do mundo, registrando nele uma história ainda à espera de ser escrita e/ou propagada, porque, como nos ensina poeticamente Aime Cesarie, "não é verdade que a obra do homem está acabada, que não temos nada a fazer no mundo, que parasitamos o mundo, que basta que marquemos o nosso passo pelo passo do mundo (...) ao contrário, a obra do homem apenas começou (...)."

E, sem sombra de dúvidas, Luiza Bairros foi uma notável mulher negra que soube, com maestria, dar continuidade a uma obra que apenas começou, mas que já deixou marcas indeléveis para a mudança de curso da história.

Racismo, crise, golpe: quando o futuro bate à porta

Nós, mulheres negras do Brasil, irmanadas com as mulheres do mundo afetadas pelo racismo, sexismo, lesbofobia, transfobia e outras formas de discriminação, estamos em marcha inspiradas em nossa ancestralidade que nos fez portadoras de um legado capaz de ofertar concepções que inspirem a construção e consolidação de um novo pacto civilizatório. Buscamos fundamentos em paradigmas que se orientam por outra gramática política, responsável por uma reordenação sociorracial equilibrada, capaz de acolher saberes, práticas e experiências até então ignorados pelas dominantes configurações do político. Não temos dúvida de que a adoção desse paradigma instaura, a uma só vez, a reconstrução de utopias.

Fragmento do Documento da Marcha das Mulheres Negras, realizada em novembro de 2015, em Brasília.

O futuro não é mais o que era antigamente[1]

Sejam quais forem as perspectivas em que se contemplem, não se tem como negar que *a ponte para o futuro* do governo interino–ilegítimo–golpista de Michel Temer está sendo dinamitada, dia após dia, antes que chegue "lá". As informações em fluxo contínuo veiculadas pelo noticiário político-policial embasam maciçamente esse diagnóstico: o ex-diretor da Transpreto, Sergio Machado, converteu-se no homem-bomba da vez, com poder de fogo para alcançar Temer, o núcleo duro de sua equipe, os políticos do PMDB e de outros partidos associados ao presidente em exercício como as duas metades de um velcro.

Nesse ambiente tóxico, amalgamam-se, em nome do futuro, uma política marcadamente neoliberal, de Estado mínimo, com cortes severos nas políticas sociais e nos recursos da Educação e da Saúde (está em marcha a PEC 87, que desobriga o Governo a gastar parte de suas despesas obrigatórias nessas áreas, garantidas pela Constituição)[2] e as reformas trabalhista e previdenciária, reabilitadas para evitar que o país vá à bancarrota, segundo o discurso oficial (especialistas na questão vêm afirmando que tanto uma quanto outra irão piorar drasticamente a vida do trabalhador). Em suma: o governo de plantão nos impõe um presente sem bossa que cheira a pretérito, fazendo do porvir algo a ser redefinido no aqui e agora por perspectivas que não incidem no espectro político do momento.

---

[1] Frase célebre cunhada pelo poeta e pensador, Paul Valéry, em 1920.

[2] A proposta de Temer enfraquece a vinculação, pois o gasto mínimo não será mais definido pela arrecadação, mas pela despesa do ano anterior corrigida pela inflação.

Reverberam aqui e ali análises que costumam ver em 2016 pedaços das décadas de 80 e 90 do século passado. Marcos Nobre, professor da Unicamp, explica porque "o colapso atual vem acompanhado de certa sensação de volta no tempo, de volta aos anos 1980. Entre os paralelos possíveis, Nobre entende que o plano Temer-Meirelles ensaia o Plano Collor, de 1990: "são guinadas de direção que parecem radicais, mas que não fazem realmente avançar, pelo contrário", avalia o professor.

Convenhamos que são medidas e escolhas que não sinalizam para a ideia de futuro, pelo menos para a que foi decantada pela tradição filosófica, pois se liga a um passado do qual queremos definitivamente nos apartar. Já sabemos que as medidas ortodoxas em curso não conseguirão a tal almejada estabilidade econômica, pois as projeções desautorizam uma recuperação milagrosa num intervalo de tempo curto, como quer nos fazer acreditar Temer. As previsões anunciam um 2017 difícil e projetam a volta de um crescimento pífio somente em 2018. Até o Fundo Monetário Internacional, quem diria, publicou documento onde consta que as políticas neoliberais aumentaram a desigualdade, que programas de austeridade não geraram crescimento e produziram efeitos nocivos de longo prazo na doutrina econômica.

O passado que não passa
Talvez a prova inequívoca daquilo que persiste e insiste, da volta ao passado sem as mediações das conquistas parciais, porém significativas, do tempo presente (principalmente no campo das políticas de costumes e dos direitos civis, da agenda feminista e negra), seja a composição ministerial do governo ilegítimo. Não bastasse ser povoado por homens, brancos, de gerações próximas (adultocêntrica), pertencentes às "famílias tradicionais" brasileiras, o arco de alianças do comandante em chefe espessa uma atmosfera em que convivem "pessoas de bem" que se dizem contra o casamento homoafetivo, autênticos portadores da gramática patriarcal, apegados a práticas racistas e sexistas. Sem exageros retóricos, esse futuro ao qual o governo Temer pretende nos conectar não flerta apenas com um passado próximo, o da década perdida, como foram considerados os anos 1980, mas se liga a camadas profundas de um tempo ainda mais distante, de extração colonial, escravocrata, sexista, homofóbico, patriarcal, em que forças alinhadas a essas ideologias, responsáveis pelas históricas opressões, ganham, no presente, lugar de destaque no espaço público. Exemplos temos de sobra: o recém-nomeado secretário nacional de Juventude, Bruno Moreira Santos, foi acusado de agressão, ameaça e assédio sexual por duas mulheres, ratificando que a cultura do estupro, por assim ser denominada, é prática comum nos processos de

dominação com fundamento de gênero e orientação sexual. O ex-senador Manoel Alencar Neto, do PSB de Tocantins, um dos partidos da base de Temer, também conhecido como Nezinho Alencar, foi preso em janeiro deste ano pela Polícia Federal sob a acusação de ter abusado sexualmente de duas meninas menores, uma de seis e outra de oito anos, conforme relata Elio Gaspari em sua coluna na Folha de São Paulo (FSP):

> discutindo-se a agenda do [século] 21 esquecem-se os restos a pagar do [século] 19. No 19, os patriarcas escondiam-se na escravidão para viver naquilo que Gilberto Freyre chamou de "intoxicação sexual". No 21, essa figura do oligarca, senhor de seus domínios, perdeu espaço, mas ainda vai bem obrigado. No governo Temer, o PSB de Nezinho continua aninhado no Planalto e o pernambucano Fernando Coelho Filho ganhou o Ministério da Integração Nacional. Seu pai é o senador Fernando Coelho, que por sua vez, é sobrinho do ex-governador Nilo Coelho, filho do coronel Quelê, o patriarca dos Coelho de Petrolina (PE).

Pode-se, com razão, objetar que o consórcio com as oligarquias e a adoção do receituário neoliberal não são assinaturas inimitáveis de Michel Temer, posto que é prática que atravessa governos de diferentes latitudes. Temos conhecimento de que a reforma da previdência, nos moldes em que está sendo desenhada, teve seu primeiro impulso nas mãos da presidenta Dilma Roussef, numa tentativa de agradar o "mercado". Reconhecer que práticas neoliberais habitam até programas de governos onde o papel do Estado é mais abrangente (a exemplo da experiência petista) não significa dizer que Temer é o papel carbono de outros presidentes e vice-versa. É preciso estabelecer diferenças que repousam nas escolhas de rotas por onde um país caminha, comprometidas ou não com princípios democráticos e republicanos, a despeito das semelhanças no que diz respeito ao conluio Estado *versus* capitalismo.

A famosa frase "o estilo é o próprio homem", do filósofo naturalista George-Louis Leclerc, conde de Buffon, ilumina a questão: para Buffon, carregamos uma marca e um sintoma pessoal, expressamos o indivíduo criador que há em cada um (a) de nós; não nos descolamos de uma idiossincrasia específica e intransmissível. A marca registrada de Temer é a crença de que pode realinhar o país com medidas austeras sem reconhecer que a superação da crise, em sentido restrito (gerada, em parte, por ele e sua turma), e a construção de pontes para o futuro requerem a adoção de uma plataforma em que o racismo, o sexismo e formas correlatas de discriminação ganhem centralidade nas pautas que ordenam o fazer político; no entanto, um traço peculiar de seu governo reside na ideia de que a expansão de direitos, numa sociedade que teve uma Constituição cidadã tardia, pode ser ceifada em nome de um receituário puramente econômico. Ao considerar que os destinos do país devem ser pensados por homens brancos sob um prisma reduzido, o presidente interino nos reenvia para um tempo em que os que mandavam e os que obedeciam tinham posições racial e de gênero demarcadas pelos privilégios de uma sociedade racista, sexista e misógina, placidamente aceitas e sancionadas pelas normas vigentes.

Lugar comum, sabemos que a aliança entre passado e presente, responsável por desenhar o tempo do futuro, mostra-se indissolúvel. Num paralelo entre o *13 de maio de 2016* (que se avizinhou da posse de Michel Temer) e o *13 de maio de 1888*, a professora de sociologia da USP, Angela Alonso, lembra que os abolicionistas eram signatários de uma agenda em que constavam "liberdade civil, educação, direitos sociais e concessão de terras a libertos, em nome do direito, da compaixão, do progresso"; já os escravistas reagiam a essa pauta, contra-argumentando que "a abolição, mesmo que ideia nobre e civilizada, desarranjaria a ordem social, as instituições políticas e as contas nacionais". Qualquer semelhança com os tempos que correm não é mera coincidência:

> Contra o humanismo, o realismo. Contra a solidariedade, a racionalidade econômica. Os abolicionistas organizaram manifestações no espaço público, lançaram publicações, atraíram artistas. Tomaram as ruas com bandeiras, palavras de ordem, e, à falta dos *bottons* (ainda por inventar), levavam flores na lapela. Ante instituições políticas refratárias, avançaram para a desobediência civil. Tudo muito análogo ao que corre ultimamente.

Talvez se possa extrair desse jogo de temporalidades (passado, presente e futuro) algumas lições para o desenho de uma nova práxis política, um novo pensamento e novas formas de organização, capazes de reconduzir a mudança do país. Ao manto do silêncio tecido nesses últimos dias por camadas da população que meses atrás iam às ruas pela deposição da presidenta Dilma Rousseff, contrapõe-se vozes e ideias que vêm ganhando corpo com o enunciado de propósitos à procura de caminhos ainda não trilhados. O movimento negro brasileiro, especialmente as mulheres negras, vem ao longo de sua trajetória emitindo sinais de que, sem uma radicalização do processo de redemocratização, que tome o racismo e o sexismo como nexos importantes para a superação das desigualdades, todo o projeto político-institucional ruirá. É preciso, assim, pensar em crise, golpe e racismo como um tripé incontornável para, quem sabe, a partir das reivindicações e propostas da população negra, se aviste um novo pensamento e uma nova prática capaz de refundar o país. Na condição de subalternizadas pelo racismo e pelo sexismo, apontamos sistematicamente como as fagulhas do passado (servil, escravocrata, patriarcal, excludente) podem ser identificadas nas malhas do presente, desenterrando as raízes de uma crise estrutural que perdura há muito tempo e que põe constantemente em xeque a democracia e a república. Esse trabalho de subsolo não pode ser menosprezado nesse momento.

Crise, golpe e racismo: o presente aqui e agora

Dos oceanos de tinta que a reflexão contemporânea verteu para pensar a crise e o golpe, algumas gotas, excetuando as anotações de extratos da intelectualidade e militância negras, se dedicaram a avaliar o tripé *crise, golpe e racismo*. O professor de Direito da Universidade Presbiteriana Mackenzie (UPM), Silvio de Almeida, é uma das poucas vozes que vem apontando a importância dessa tríade para se pensar o tempo *presente* com vistas à construção de um *futuro* possível. Almeida lembra que os golpes são gestados nas crises do capitalismo e que estas afetam primordialmente os grupos historicamente vulneráveis (a crise brasileira é, fundamentalmente, uma crise do capitalismo que vem atingindo todo o planeta).

Para Almeida, sempre que a crise se instala, irradiada dos grandes centros para as periferias, a dimensão racial aparece de maneira inescapável. A primeira crise do capitalismo no século XIX, também conhecida como a Grande Depressão, forjou a busca de mercados consumidores externos à Europa, como a Ásia e a África, dando início ao neocolonialismo europeu (a partilha do continente asiático e africano pelas grandes potências industriais). Estava dada a largada para a exploração capitalista, a espoliação dos trabalhadores e dos recursos ambientais mundiais, cujos alvos principais foram as populações não brancas. A abolição da escravidão aqui no Brasil, como se sabe, teve relação direta com a Grande Depressão. A outra grande crise, a de 1929, que antecedeu o Estado Novo, teve um efeito direto no rearranjo sociorracial brasileiro, com a ascensão da ideologia da democracia racial, selada com *Casa Grande & Senzala* (1933), de Gilberto Freyre. A crise de 1970 caracterizou-se pela formação do estado neoliberal e das políticas de liberalização comercial, além da desregulamentação financeira, vulnerabilizando negros, mulheres e imigrantes.

A título de ilustração, o professor Silvio Almeida menciona o problema da carga tributária no Brasil, que pende de maneira desigual sobre os mais pobres, especialmente as mulheres negras, uma vez que os tributos são pagos sobre trabalho e consumo, resguardando o capital. No chamado pacote de maldades do governo Temer, a desvinculação de recursos da saúde e educação, as reformas previdenciária e trabalhista, como já mencionado, também terão um desdobramento perverso nos segmentos desfavorecidos, com as mulheres negras à frente.

Uma proposta de futuro

Ora, se o que estamos a testemunhar é uma crise do capitalismo que ganha conotações específicas no território brasileiro, como criar uma nova forma de pensamento, estimular novas formas de organização político-institucional, num cenário em que o Executivo perdeu o tônus para liderar um projeto de país, o Legislativo, preocupado em manter seus próprios privilégios, se desconectou dos interesses do governo, o Judiciário se instalou no vazio deixado pelos dois poderes e passou a protagonizar tristemente os destinos políticos do país e em que a polarização ideológica se acentua nas diversas camadas sociais?

A crise é estrutural (a tal crise econômica é apenas a ponta do *iceberg*) e toda tentativa de solucioná-la premidos (as) pelas exigências do presente imediato é um convite ao fracasso. O esgotamento do modelo político-institucional que foi consolidado na redemocratização solicita a paciência dos conceitos, a construção de um projeto experimental em que possamos adotar novas bússolas para conduzir um presente em que as coisas parecem confusas e difusas. Ao adotarem como orientação política o paradigma do Bem Viver,[3] as mulheres negras brasileiras se instituem como atrizes importantes de um processo onde não serão as delações premiadas, tampouco o protagonismo do judiciário, que restabelecerão as bases da normalidade institucional e política:

> Na condição de protagonistas da proposição de outra forma de ver e intervir no mundo, sintetizada nos fundamentos do Bem Viver, oferecemos ao Estado brasileiro nossas experiências historicamente acumuladas como forma de construirmos coletivamente

---

[3] O Bem Viver assenta-se em concepções milenares das populações indígenas e africanas e constituem as formas do social e do político a partir de princípios plurais que englobam novas concepções de gestão do coletivo e do individual, da natureza (política ambiental) e da cultura, calcada em uma visão utópica de viver e construir o mundo de todas (os) e para todas (os), divorciada de práticas opressivas e exploratórias inerentes ao sistema capitalista.

outra dinâmica política. Pelo que se viu, essa outra dinâmica é impossível sem a superação do racismo, do sexismo e de todas as formas de discriminação, responsáveis por subtrair a humanidade de mulheres e homens negros. Postulamos que a construção desse processo deve ser iniciada aqui e agora. (...) (Documento da Marcha das Mulheres Negras, 2015).

Ao assim principiarem o documento da Marcha, realizada em Brasília, as mulheres negras brasileiras reinstauram uma outra noção de futuro, que se delineia na aventura concreta do aqui e agora da luta política, fazendo do passado um repositório de onde se extrai as antecedências que nos emancipam e por onde se interditam as heranças carcomidas, mas renitentes, que teimam em adiar o futuro – entendido aqui como a aurora das coisas que não existem ainda. Sabedoras que o Tempo é um Orixá, as 50 mil mulheres que marcharam na Esplanada dos Ministérios souberam enfrentar a assertividade do presente e lançar as sementes de um projeto, por ora utópico, em que todas e todos possamos experimentar realmente um novo tempo, apesar dos perigos contemporâneos.

PS: O Brexit e a permanência de Donald Trump nas eleições americanas são a prova de que não é somente o Brasil, mas o mundo, que está reclamando por um novo pacto civilizatório. Certamente a crise é planetária.

Perfil de uma presidenta em 3D (descompensada, desequilibrada, descontrolada): IstoÉ sexismo e misoginia!

"Grande imprensa" passa recibo de sua irrefreável queda
É de trivial evidência que a antes chamada "grande imprensa" perdeu, faz tempo, o *status* de esfera mediadora central, papel desempenhado sem grandes sobressaltos ao longo do século XX. Como já me referi em outros artigos, somos testemunhas de que o sistema midiático passou por substantiva mudança de paradigma: da *lógica da radiodifusão* e de *distribuição*, que predominou durante todo o século passado, migramos para uma fase em que o controle sobre a produção e a distribuição já não depende dos grandes conglomerados, permitindo o engajamento efetivo das audiências. Os paradigmas da *conexão* e da *circulação*, forjados pelo novo estágio do capitalismo, ganharam aderência irreversível. O velho modelo um-para todos (poucos veículos distribuindo informação para uma gama abrangente de pessoas) subverteu-se e diversos arranjos tornaram-se possíveis: um-para-um, todos-para um, com informações brotando de múltiplos focos.

Trata-se, sem dúvida, de uma rotação de perspectiva que vem tirando o sono de muitos que acreditavam que a fase de ouro da imprensa monopolista não experimentaria o ocaso. São abundantes os sinais e marcas de modificações radicais no âmbito da notícia, decorrentes das infindáveis inovações propiciadas pelas emergentes modalidades de comunicação e expressão. Para Luis Cebrián, fundador e primeiro diretor do El País, a internet "é um fenômeno de desintermediação. E que futuro aguarda os meios de comunicação, assim como os partidos políticos e os sindicatos, num mundo desintermediado? Não existe crise do jornalismo. Existe, sim, uma grave crise no modo de fazer jornalismo".

Bingo! As declarações do fundador do jornal espanhol, um dos mais importantes do mundo, nos fornece parte das explicações que justifica os corriqueiros destemperos (agora atribuídos à presidenta Dilma Rousseff) da imprensa brasileira, a exemplo da matéria, publicada pela revista "IstoÉ" no final da semana passada, um libelo inequivocamente misógino e sexista. Destemperos que tornam visível o desespero frente à perda de monopólio na produção e distribuição da informação, numa disputa onde tudo vale, ou, ao menos, parece valer.

Modos tortuosos de produção jornalística
Na tentativa malfadada de carimbar a opinião preconceituosa com o selo de matéria jornalística orientada por exaustivo trabalho de apuração, apoiada em fontes legítimas, os repórteres nos põem em um redemoinho

atordoante de certezas do instável presente, sob a batuta de uma mulher desequilibrada, descontrolada e descompensada (*sic*) que sequer sabe controlar as próprias emoções (imaginem governar um país!) e que augura um futuro sombrio para todos (as) nós, caso permaneça no caso. Pincemos alguns trechos da matéria, esta sim, tresloucada:

> **Numa conversa com um assessor**, na semana passada, a presidente investiu pesado contra o juiz Sérgio Moro, da Lava Jato. "Quem esse menino pensa que é? Um dia ele ainda vai pagar pelo quem vem fazendo", disse.
>
> Há duas semanas, ao receber a informação da chamada "delação definitiva" em negociação por executivos da Odebrecht, Dilma teria, segundo o testemunho de um integrante do **primeiro escalão do governo**, avariado um móvel de seu gabinete, depois de emitir uma série de xingamentos.
>
> **Bastidores do Planalto nos últimos dias mostram** que a iminência do afastamento fez com que Dilma perdesse o equilíbrio e as condições emocionais para conduzir o país.

Como profissionais da imprensa, aprendemos, desde a mais tenra idade na profissão, que o discurso jornalístico é um relato que se constrói com base no relato alheio. É uma fala intermediária que necessita de fontes – tal como precisamos do ar – para ganhar legitimidade. Concedendo, provisoriamente, uma cota de plausibilidade à matéria, podemos, de pronto, considerar que a descrição da "(des) compostura presidencial", em grande parte encenada em espaços privados, longe dos holofotes da imprensa, requer, com tanto mais razão, o amparo em fontes seguras.

Eis que a IstoÉ, do alto de seu compromisso com o (a) leitor (a), nos brinda com fontes confiáveis, inquestionáveis e palpáveis. São elas, assim, tipificadas genérica e evasivamente: "assessores palacianos", "um assessor", "o testemunho de um integrante do primeiro escalão do governo", "um de seus assessores," "um presidente de uma instituição estatal," "outro interlocutor frequente," "um importante assessor palaciano", "os bastidores do planalto"... Pode-se objetar que em situações prismadas pelo poder de mando, é aconselhável que algumas fontes sejam mantidas em sigilo sob pena de sofrerem duras retaliações. Mas, convenhamos, não existem dados que legitimem o perfil mal traçado da presidenta. Trata-se de seguir a cartilha do direito, amplamente conhecida: "O ônus da prova cabe a quem acusa". Em suma: numa leitura atenta, o texto não para em pé, configurando-se em peça manufaturada na usina da fofoca maledicente.

À espiral de declarações infundadas, apoiadas em fontes-fantasmas, segue o discurso competente da ciência, responsável por dar o diagnóstico do problema psíquico que acomete a mandatária do país. De fontes anônimas, o texto passa a se apoiar em um discurso referencial, de autoridade, com nome, sobrenome e função, que serve para ratificar a (des) informação:

> O modelo consagrado pela renomada psiquiatra Elisabeth Kübler-Ross descreve cinco estágios pelo qual as pessoas atravessam ao lidar com a perda ou a proximidade dela. São eles a negação, a raiva, a negociação, a depressão e a aceitação. Por ora, Dilma oscila entre os dois primeiros estágios.

Os sucessivos tropeços no/do texto não só flagram a inépcia dos repórteres, mas também atestam a miséria do *mainstream* informativo à brasileira, que fere de morte a gramática de produção jornalística nos seus princípios mais elementares. Decididamente, a moda antiga de fazer jornalismo agoniza e, ao contrário do que proclamam os autores da matéria da IstoÉ, é este modelo que carece de um diagnóstico psiquiátrico (ousaria falar em feridas narcísicas) para, quem sabe, se reinventar antes que seja tarde.

De protótipos a estereótipos: os discursos circulantes

Mas não é isto, embora também seja isto, que está aqui em questão. Estamos especialmente mobilizadas no desfile de preconceitos e estereótipos na "matéria" de IstoÉ. Não é mais novidade que mulheres, negros, *gays*, trans e outros grupos historicamente discriminados são sistematicamente vistos e avaliados sob a lupa dos preconceitos e estereótipos, emoldurados por um arranjo do mundo que determina a compreensão sobre eles, a forma de verdade que expressam e as articulações sociais que produzem os discursos circulantes (Gomes, 2011).

E o arranjo do mundo no qual a matéria de capa da "IstoÉ" se apoia para (des) construir o perfil da presidenta Dilma Rousseff vincula-se a referências imemoriais reatualizadas pela mídia e, particularmente, pela imprensa. Ainda na trilha da pesquisadora Mayra Gomes, "a reiteração de temas, num longo período de tempo, promove e amarra pontos como pacotes discursivos, ou ideias fonte que orientam a dinâmica tanto do protótipo quanto do estereótipo. Uma ideia fonte amarra, faz ponto e nó, no conjunto de ideias que circula na rede imaginária".

Valendo-se de ideias fonte que reduzem a diversidade do que é ser mulher, a matéria escava no tempo alguns exemplos para estabelecer paralelo entre passado e presente, reafirmando, assim, a presunção do desequilíbrio emocional, aplicável ao sexo feminino em todo tempo e lugar:

Não é exclusividade de nosso tempo e nem de nossas cercanias que, na iminência de perder o poder, governantes ajam de maneira ensandecida e passem a negar a realidade. No século 18, o renomado psiquiatra britânico Francis Willis se especializou no acompanhamento de imperadores e mandatários que perderam o controle mental em momentos de crise política e chegou a desenvolver um método terapêutico composto por "remédios evacuantes" para tratar desses casos. Sua fórmula, no entanto, pouco resultado obteve com a paciente Maria Francisca Isabel Josefa Antónia Gertrudes Rita Joana de Bragança, que a história registra como "Maria I, a Louca". Foi a primeira mulher a sentar-se no trono de Portugal e, por decorrência geopolítica, a primeira rainha do Brasil. O psiquiatra observou que os sintomas de sandice e de negação da realidade manifestados por Maria I se agravaram na medida em que ela era colocada sob forte pressão.

A coalescência de significados (os sentidos pré-dados devem se aplicar a pessoas, coisas, fatos) serve para tornar imediatamente familiar os caracteres que impusemos a grupos estigmatizados, enquadrando-os na "rubrica já posta". Vários estudos convergem para a afirmação de que a lógica do preconceito é poderosa porque tende a se perpetuar em virtude de ser performativa e auto-realizadora. Dilma Roussef, Maria Antónia de Bragança, batizada de "Maria I, a Louca" (vejam só) e todas as mulheres em posição de mando estão fadadas a perder o tino, "rasgar o verbo" desmesuradamente, ensina sub-repticiamente "IstoÉ". Acrescente-se a esse quadro comum de referência (a presidente aparece ilustrada com feição carrancuda, expressando corporalmente desequilíbrio, ressoando uma voz trombeteira...) os termos "vadia", "vagabunda" e "mal-comida", fartamente acionados para xingar Dilma Rousseff, deixando ver que tais xingamentos só ganham ressonância porque se trata de uma mulher, a despeito de deslocamentos discursivos operados por força da atuação sobremaneira dos movimentos feministas.

O bom jornalismo, moldado em linguagem comum, não deve irradiar preconceitos, ser câmara de ressonância de estereótipos. Ao se amarrar tão acintosamente à rede de significações que embasam discriminações, "IstoÉ" pactua com um já-dito que não favorece uma opinião pública qualificada. Pode-se, por fim, retrucar que o jornalismo sempre fez uso de discursos redutores e não seria este o traço que tipificaria a crise que o ameaça. Contudo, num momento em que outros traços foram subtraídos do ofício noticioso (mediador, por excelência, dos acontecimentos, fiador da sociedade da transparência, formador da opinião pública, instaurador do espaço público moderno), resta, ao que tudo indica, uma triste retórica que ganha, lamentavelmente, a adesão de indivíduos que se unem ao coletivo por processos de identificação orientados por preconceitos. Indivíduos para quem a revista se dirige para garantir a sua sobrevida.

Vem de Antonio Gramsci um conceito de crise que, a meu ver, se adéqua ao momento presente. Para o pensador italiano, a crise se instala quando o velho já morreu e o novo ainda não despontou. Nesse intervalo, entre o que persiste em ficar e o que insiste em despontar, manifestações bizarras e ameaçadoras se insinuam, tal como a matéria de capa da revista "IstoÉ".

Feminismos negros e a renovação política do "Dia Internacional das Mulheres"

Este artigo integra o "Dossiê Feminismo e Política", do blog da Boitempo, por ocasião do "Dia Internacional das Mulheres". A propósito, que outras palavras mais poderiam ser ditas na ambiência desta efeméride? Que fios puxar de um novelo entrelaçado que tece a história das mulheres, particularmente das mulheres negras? O que abordar em tempos de franco retrocesso na legislação brasileira no que diz respeito às questões de gênero, com medidas retrógradas, para dizer o mínimo, que avançam em velocidade de cruzeiro?[1] Onde afixar a história do feminismo negro na contemporaneidade? Qual o legado e quais as perspectivas que as mulheres negras vêm aportando para a política, em escalas local, regional e global?

As respostas a essas questões, ainda que parciais e provisórias, solicitam a tarefa de situarmos a trajetória dos feminismos negros no Brasil e no mundo, delineada por mulheres de vários matizes e procedências que atravessam, ao mesmo tempo em que compõem, a paisagem a ser olhada. Trata-se de um exercício que consiste em assinalar as antecedências e os fundamentos que dão sentido à luta contemporânea, dotando o "8 de março" de um caráter essencialmente político. Em artigo que compõe este Dossiê, intitulado Às que vieram antes de nós: histórias do Dia Internacional das Mulheres, a escritora e ativista, Daniela Lima, chama atenção para o esvaziamento de sentido da data, reposicionado o "8 de março" na escala política. Comenta a autora: "o incêndio da *Triangle Shirtwaist Company* marcou de forma indelével o mês de março como um momento de se interrogar o passado

---

[1] A Câmara dos Deputados, no último dia 18, retirou os termos "incorporação da perspectiva de gênero" do contexto das atribuições do Ministério das Mulheres, da Igualdade Racial, da Juventude e dos Direitos Humanos. Dois dias antes, 16, a Câmara de Vereadores de Nova Iguaçu sancionou lei que veda a distribuição e divulgação de material didático que apresente orientações sobre diversidade sexual, coibindo o "combate à homofobia e a ampliação dos direitos de lésbicas, gays e trans.

para retomar o presente de forma crítica. Interrogar não apenas a história das mulheres operárias do início do século XX, mas de todas as mulheres que vieram antes de nós. Nenhuma dessas histórias pode ser apagada". Não esqueçamos: são vários os acontecimentos que se cruzam, responsáveis por decantar o "Dia Internacional das Mulheres".

É nesse espírito de recuperação, nessa busca por recobrir porções significativas – já que, como nos lembra Carlos Fuentes, nunca vai haver tempo para a última palavra – do percurso das mulheres que vieram antes de nós com suas demandas, iniciativas, reivindicações, ações mobilizadoras, propósitos, e até com o sacrifício de suas próprias vidas, que o "Dia Internacional das Mulheres" ganha fôlego renovado para retroalimentar, no presente, as formas de intervenção numa atmosfera política densa, em que se desferem duros golpes nas políticas de gênero e sexualidade, conquistadas a duras penas. Uma vez que "nenhuma história pode ser apagada", como disse Daniela Lima, de que forma trazê-las à superfície, onde ancorá-las de tal modo que integrem o espectro político dos tempos passados e dos nossos dias?

O "episódio" na *Triangle Shirtwaist Company*, em 1911, em Nova Iorque, uma tragédia que nos mobiliza até hoje (como não poderia deixar de ser diferente), representa, em tons funestos, o ápice da exploração do capitalismo às custas da opressão feminina ("no incêndio morreram 146 trabalhadores, dos quais 17 eram homens e 129 eram mulheres e meninas – 90 delas se jogaram pelas janelas do prédio. A maioria das jovens era imigrante, tinha entre 16 a 24 anos e trabalhava em condições desumanas" [Lima]) e nos compromete com a reatualização das diversas formas de exploração ao redor do mundo com fundamento de gênero. Ao fazê-lo, somos levadas, inevitavelmente, a empreender correlações com outras variáveis de exclusão, com destaque para o racismo, posto que o laço indissolúvel entre gênero e raça, qualificativo de classe social, eixo extremo de diferenciação negativa, nos dá a medida da magnitude da opressão feminina. Esse entrelaçamento nos enreda, sem dúvida, "nas histórias das que vieram antes de nós", marcadas pelo drama da escravidão.

As opressões que se cruzam

Esse dado insofismável torna ainda mais necessário o exercício de apontamento das antecedências e dos fundamentos da exploração e da opressão por onde se divisam as reivindicações históricas das mulheres negras. Não queremos com isso traçar o marco zero do feminismo no Brasil a partir tão-somente da perspectiva das mulheres negras; focos simultâneos de acontecimentos nos impossibilitam aderir ao "genesismo" (costuma-se dizer que "antes do início, há sempre um outro começo para quem procura bem"). Pretende-se, antes, apontar o caráter fundante (e dizer fundante não corresponde dizer marco zero) da relação inescapável entre gênero e raça no contexto brasileiro e da diáspora africana, o que forjou a assunção do feminismo negro, que põe em xeque as concepções universalistas que orientaram as políticas desenhadas para transpor as desigualdades de gênero. A esse respeito, ensina a filósofa e feminista negra, Sueli Carneiro:

> No Brasil e na América Latina, a violação colonial perpetrada pelos senhores brancos contra as mulheres negras e indígenas e a miscigenação daí resultante está na origem de todas as construções de nossa identidade nacional, estruturando o decantado mito da democracia racial latino-americana, que no Brasil chegou até as últimas consequências. Essa violência sexual colonial é, também, o "cimento" de todas as hierarquias de gênero e raça presentes em nossas sociedades, configurando aquilo que Ângela Gilliam define como "a grande teoria do esperma em nossa formação nacional. As mulheres negras tiveram uma experiência histórica diferenciada que o discurso clássico sobre a opressão da mulher não tem reconhecido, assim como não tem dado conta da diferença qualitativa que o efeito da opressão sofrida teve e ainda tem na identidade feminina das mulheres negras. Quando falamos do mito da fragilidade feminina, que justificou historicamente a proteção paternalista dos homens sobre as mulheres, de que mulheres estamos falando? Nós, mulheres negras, fazemos parte de um contingente de mulheres, provavelmente majoritário, que nunca reconheceram em si mesmas esse mito, porque nunca fomos tratadas como frágeis. Fazemos parte de um contingente de mulheres que trabalharam durante séculos como escravas nas lavouras ou nas ruas, como vendedoras, quituteiras, prostitutas... Mulheres que não entenderam nada quando as feministas disseram que as mulheres deveriam ganhar as ruas e trabalhar! Fazemos parte de um contingente de mulheres com identidade de objeto. Ontem, a serviço de frágeis sinhazinhas e de senhores de engenho tarados. (...) (Carneiro, 2001).

Para além da necessidade de conhecermos a história das nossas antecedências, das que vieram antes de nós (relembremos o livro organizado pela médica e feminista negra, Jurema Werneck: *O livro de saúde das mulheres negras*: nossos passos vêm de longe), o texto de Sueli Carneiro evidencia o caráter radical (no sentido etimológico do termo) dos feminismos negros na exata medida em que desde sempre se constituíram interrogando os princípios que regeram a política moderna e não apenas reivindicando participação nela. Um ligeiro paralelo com o movimento feminista nos presta serviço.

O rico patrimônio teórico-político acumulado pelo movimento feminista (o que deu a ele o atributo de vitorioso, em virtude de ter abalado, no século XX, os alicerces profundos das normas e códigos que regiam o espaço público e privado) foi se acumulando a partir do chamado *feminismo liberal*, filho indesejável da Revolução Francesa. Muitas mulheres passaram a denunciar o projeto iluminista em seu escopo excludente (os homens continuavam tendo primazia no jogo social). É amplamente conhecida a obra de Mary Wollstonecraft, *A Vindication of the Rights of Woman* (1792), em que põe em xeque a inferioridade das mulheres face aos homens. Na busca por um sistema equânime, o principal propósito do feminismo liberal era aperfeiçoar o projeto igualitário iluminista, reivindicando a inclusão das mulheres na nova ordem social que suplantou o absolutismo monárquico.

O *feminismo marxista* põe em cena as disparidades de classe, fomentadas pelo desenvolvimento do capitalismo via Revolução Industrial. Alexandra Kollontai, uma das principais representantes dessa linhagem, propugnava que somente o socialismo poderia oferecer condições ideais de trabalho para as mulheres, com direitos econômicos e sociais, civis e políticos assegurados. A economia e o mundo do trabalho eram a causa da subordinação feminina.

Já o chamado *feminismo radical* ganha proeminência em torno dos anos 1970. O termo "radical" vem da crença de que a "raiz" da dominação masculina se justificaria pela vigência do patriarcado. Tendo como uma de suas principais representantes a filósofa Simone de Beauvoir, o feminismo radical considera o patriarcado uma ideologia que organiza o mundo dicotomicamente, supervalorizando atributos "supostamente masculinos" e subvalorizando os "supostamente femininos". Em suma, o patriarcado atribui uma natureza inferior e inalterável às mulheres.

Retomando: onde situar a história dos feminismos negros nesse painel apresentado de forma assaz resumida? O feminismo negro requer uma espécie de compreensão e explicação algo afastadas dos preceitos do iluminismo moderno, denunciando as formas de exploração e opressão dos corpos que valem mais ou valem menos segundo a lógica da escravidão que funcionou como um organizador das desigualdades que até hoje se perpetuam. O feminismo negro antecipa, assim, uma crítica radical a um modelo (capitalista-eurocêntrico-judaico-cristão) em que, desde os primórdios, as mulheres negras não tiveram espaço.

O Bem Viver como renovação de uma agenda que se desdobra ao longo do tempo

A conquista de espaços, o ingresso do par gênero-raça na institucionalidade da vida nacional, não é possível sem a implosão daqueles modelos que, *per se*, não comportavam as identidades e trajetórias múltiplas de grupos raciais não hegemônicos. Não foi, portanto, mero jogo de palavras a escolha do tema da Marcha das Mulheres Negras 2015: "Contra o racismo e pelo Bem-Viver (a expressão Bem Viver tem origem política nas tradições indígenas e aproxima-se de metáforas fundantes do ideal de vida plena em contraposição a propostas desenvolvimentistas). O *slogan* renova uma agenda em que mulheres negras de todo o Brasil marcharam em nome de um novo contrato social, um novo pacto civilizatório. Inspiradas em paradigmas que se orientam por outra gramática política, responsável por um reordenamento sociorracial equilibrado, capaz de acolher saberes, práticas e experiências até então ignorados pelas dominantes configurações do *político*, essas mulheres apresentaram um projeto de/para o país. No documento expandido da Marcha, afirma-se: "A nossa trajetória nos autoriza a propor outros modos de vida. (...). Não compactuamos com modelos de desenvolvimento e conceitos que deixam para trás 49 milhões de brasileiras". Nem hoje, nem ontem.

As reações às formas de exclusão perfazem um arco pontilhado de referências que evocamos para não perdermos as balizas políticas que dão sentido ao "8 de março". Recordemos algumas delas: Sojourner Truth, ex-escravizada que se notabilizou por proferir um discurso intitulado "E eu não sou uma mulher?", na Convenção dos Direitos das Mulheres, em Ohio, em 1851; Rosa Parks (que se recusou a levantar do lugar reservado para brancos em ônibus na época da segregação racial norte-americana); Maria Firmina dos Reis (ex-escravizada, primeira romancista brasileira); Antonieta de Barros (primeira deputada negra brasileira), lideranças religiosas e políticas, donas de casa que, em seu ritual diário, estabelecem outros modos de concepção do espaço privado ("nada é mais perturbador que os movimentos incessantes do que parece imóvel")... Mulheres que suscitam acontecimentos capazes de engendrar outras temporalidades. Se é ao "nível de cada tentativa que se avaliam a capacidade de resistência", essas e outras referências nos mostram, junto com as operárias do final do século XIX e início do século XX, as mulheres indígenas e trabalhadoras rurais, que é possível apostar num mundo melhor. Que o dia de hoje sirva para nos lembrar disso!

Referências bibliográficas

CARNEIRO, Sueli. *Enegrecer o feminismo: a situação da mulher negra na América Latina a partir da perspectiva de gênero*. Disponível em: http://www.geledes.org.br/. Acesso em 6 mar. 2011.

LIMA, Daniela. *Às que vieram antes de nós: histórias do Dia Internacional das Mulheres*. Disponível em: www.blogdaboitempo.com.br. Acesso em: 7 ago. 2016.

Política, imaginário e representação: uma nova agenda para o século XXI?

O fato é que, enquanto mulher negra, sentimos a necessidade de aprofundar nossa reflexão, ao invés de continuarmos na reprodução e repetição dos modelos que nos eram oferecidos pelo esforço de investigação das ciências sociais. Os textos só nos falavam da mulher negra numa perspectiva socioeconômica que elucidava uma série de problemas propostos pelas relações raciais. Mas ficava (e ficará) sempre um resto que desafiava as explicações. E isso começou a nos incomodar. Exatamente a partir das noções de mulata, doméstica e mãe preta que estavam ali, nos martelando com sua insistência.

Lélia Gonzalez

As vias por onde caminha a transformação política contemporânea

Um ligeiro recenseamento em torno das pautas de grupos historicamente discriminados, com destaque para o protagonismo das mulheres negras, nos permitirá observar o quanto as reivindicações vêm girando na órbita do estético e da visibilidade, orientadas por outra lógica de representação, incidindo no tecido social de modo a reconfigurar a *política*. Infatigavelmente, os exemplos, extraídos do chão do mundo vivido, onde se cultiva a experiência de produzir novos sentidos, não cessam de germinar: a enxurrada de artigos sobre a anacrônica figura da "Mulata Globeleza"; as reações contundentes à proposta "insólita" da Loja Reserva, cujo sócio é o apresentador global Luciano Huck (a título de lembrete: a loja pintou manequins de preto e os pendurou de cabeça para baixo); o flagrante fotográfico no casal que desfilou todo pimpão com seu filho adotivo, um menino negro com fantasia do macaquinho Abu, o melhor amigo de Aladdin. A cena transcorreu no carnaval de Belo Horizonte.

Sob certos aspectos, esses movimentos de contraposição a práticas que teimam em permanecer na cadeia discursiva, conectadas pelo racismo e pelo sexismo, respondem ao incômodo acima transcrito. Para Lélia Gonzalez, o confinamento da mulher negra às figuras da *mulata*, da *empregada doméstica* e da *preta velha* reclama por outras rotas de análise e intervenção, visto que parte significativa da tradição teórica, sequiosa em desvelar o problema racial brasileiro sob a chave socioeconômica, mostrou-se insuficiente para alcançar o drama experimentado pela população negra em todas as dimensões de sua existência. Prevaleceu nos círculos de investigação o entendimento do racismo como exclusivamente um epifenômeno do capitalismo, o que perpetuou certa "naturalização" do lugar do negro na sociedade.

Sabe-se que o espanto intelectual é, a rigor, um motor importante para o desvelamento social, porém, diante das ocorrências cotidianas (morte aos borbotões de jovens negros pela polícia, pouca ou nenhuma presença de mulheres e homens negros na política institucionalizada em suas diversas esferas), não cremos que sem espanto ético as cordas da compreensão realmente vibrem.

Essas discussões habitam o coração dos antes chamados "movimentos de minorias" (negros, mulheres, *gays*, lésbicas, trans) que apontaram a indissociabilidade entre *política* e *representação* e propugnaram uma ação transformadora, capaz de encontrar maneiras de (re) inventar um mundo possível, numa perspectiva estética, ética e política. Assim como Lélia Gonzalez, outras pensadoras do feminismo negro, a exemplo da ex-ministra Luiza Bairros, da filósofa Sueli Carneiro e da médica Jurema Werneck, assinalaram, de modos diversos, que as antigas ordens de representação, agora em crise, mostravam-se incapazes de abarcar o "mosaico possível de acepções do humano", o que supunha a tarefa de fundar uma nova gramática política, livre das orientações de um pensamento oxidado. Não se pode reduzir a questão ao par *univesalismo* e *particularismo,* onde muitos quiseram alocá-la.

Marcadores históricos indicam parte da trajetória percorrida pelo tema. O discurso do reconhecimento é obra da aventura moderna, e a reivindicação de novos/outros regimes de representação/visibilidade destinados a grupos historicamente discriminados é fenômeno cuja fisionomia deita raízes desde o início do século XX. O edifício moderno suplantou a noção de honra para tornar legítima a de dignidade, concebida num sentido universalista e igualitário.

O exercício do visível passou a atuar em conformidade com um novo padrão: tudo o que havia de hierárquico no reconhecimento social teria de desaparecer, de contrariar as antigas marcas da "eleição privilegiada", característica da aristocracia. Porém, as desigualdades inerentes ao capitalismo acentuaram as assimetrias com fundamento racial e de gênero, para ficarmos em dois exemplos. A permanência de hierarquias, só que desta feita sob outro viés, suscitou, já no alvorecer do século XX, uma explosão de críticas referentes à dinâmica das representações dos agrupamentos humanos; estas críticas não pararam de se expandir e adentraram o século XXI com força expressiva, puxadas pelo anzol da hipervisibilidade. Sob o curso de movimentações em fluxo contínuo na plataforma da transparência, reavivam-se as reivindicações por reconhecimento público. De acordo com Muniz Sodré, "a visibilidade – o plano das aparências – não é um requisito simples, pois suscita os problemas do reconhecimento social e do valor humano. Logo, é uma questão de natureza ética".

E essa disputa pelo valor humano, como se testemunha, promove, de maneira decisiva, a insubordinação dos corpos "imperfeitos", "indesejáveis" (negros, mulheres negras, obesas, gays, lésbicas, trans) frente aos signos visuais que teimam em estigmatizá-los, deformá-los, ignorá-los, excluí-los da paleta que representa cada um (a) e todos (as). A feminista negra estadunidense, Patricia Hill Collins, refere-se aos corpos negros como imagens de controle (*controlling images*) que se prestam a fazer dos estereótipos um mecanismo que naturaliza o racismo, o sexismo, as desigualdades de classe e outras formas de injustiça social (2000). Uma trincheira cada vez mais compacta, constituída em sua maioria por jovens, transborda os espaços materiais e digitais em reação a essas imagens calcificadas. Se toda transformação corresponde a uma mudança de sentido, de sua relevância e de seu valor, quais os sentidos que a negação das imagens estigmatizantes vem instaurando? Que novos sujeitos poderão surgir desses deslocamentos, já que o visível vem cada vez mais conformando nossa existência?

Rumores (in) discretos da subjetividade:[1] signos contra signos

Segundo o filósofo Gilles Deleuze, "o pensamento clássico mantinha a alma afastada da matéria e a essência do sujeito afastada das engrenagens corporais. Os marxistas, por sua vez, opunham as superestruturas subjetivas às relações de produção infraestruturais. Como falar da produção de subjetividade hoje?" (2010, p. 32).

Os *slogans* "Vai ter negra e gorda na universidade!", "Vai ter preta periférica e trans na pós-graduação!", "Respeitem meus cabelos, brancos!" sinalizam para novas formas de elaboração e exploração do político, em que o ético e o estético se imbricam em benefício da projeção de outras subjetividades, do reposicionamento das engrenagens corporais em lugares de prestígio da luta social e da reflexão crítica. Signos emergentes/insurgentes rebatem signos "estáveis", enrijecidos, carcomidos por visibilidades que não cabem mais nos estereótipos de outrora. Perspectivas teóricas diversas se reinvestem de outras balizas capazes de responder aos apelos de problemas recorrentes. Vejamos algumas posições entre as mais consistentes.

Alex Ratts e Osmundo Pinho, professores de geografia, da Universidade Federal de Goiânia (UFG), e de ciências sociais, da Universidade Federal do Recôncavo Baiano (UFRB), respectivamente, empreenderam análises em que as corporeidades ocupam posição central na dinâmica das

---

[1] Este título é inspirado, parcialmente, no texto poético de Rosane Preciosa Siqueira, cognominado Rumores discretos da subjetividade.

hierarquias socioespaciais. Para ambos, os corpos de homens negros são geralmente racializados, subdivididos, sexualizados, desumanizados, o que interfere diretamente nas formas em que esses corpos são inseridos nos desdobramentos da política. Em seu mais recente livro, *O circuito dos afetos: corpos políticos, desamparo e o fim do indivíduo*, o professor de filosofia da USP, Vladimir Safatle, na tentativa de apresentar novos paradigmas políticos, já que nem as utopias de esquerda tampouco o capitalismo conseguiram auscultar o contemporâneo, questiona qual o sentido da política no mundo de hoje. Safatle vê no circuito dos afetos uma dimensão importante para uma teoria política da transformação, uma vez que as mudanças significativas não atingem apenas as formas de circulação de bens e de distribuição de riquezas, mas:

> São modificações na estrutura dos sujeitos, em seus modos de determinação, nos regimes de suas economias psíquicas e nas dinâmicas de seus vínculos sociais. Pois uma transformação política não muda apenas o circuito dos bens. Modifica também o circuito de afetos que produzem corpos políticos, individuais e coletivos. Por isto, se quisermos ver a força de transformação de acontecimentos que começam novamente a se fazer sentir, é necessário que nos deixemos afetar pelo que pode instaurar novas corporeidades e formas de ser. (2015).

Embora partam de lugares diferentes, motivados por angulações diferenciadas, as proposições destes autores são solidárias entre si, bebem num poço comum, equilibram-se sobre elementos de uma mesma equação: despossuir os sujeitos de velhas identidades impostas, desobstruir vias para que se abram às novas corporeidades, adotando o capital relativo aos afetos (entendidos como aquilo que sinto, vejo e percebo) como fonte para o "esclarecimento da natureza dos impasses dos vínculos sociopolíticos" (Safatle, 2015).

Imaginário: a orquestra que nos rege

Esses rearranjos só são possíveis se acrescentarmos às nossas estratégias de reflexão e intervenção o exercício permanente de interrogação das incidências imaginárias, vistas como uma matriz, uma atmosfera, uma fábrica que nos aloja no que faz laço social. *Política, representação e imaginário* formam um tripé incontornável, ainda que sobre ele pesem resistências justificadas pela crença de que a conquista do poder se dá pela disputa de espaços institucionalizados. Um pesquisador do campo das relações raciais publicou recentemente artigo em que empresta sua voz a este discurso: para ele, ao invés de segmentos da militância negra se aterem a denúncias de casos de racismo na publicidade e em outros espaços midiáticos, deveriam se preocupar em conquistar o núcleo do poder em diversas áreas da institucionalidade brasileira. Parece não saber o pesquisador que a conquista do poder passa necessariamente por agenciamento de imagens, por visibilidades (não fosse assim, o *marketing político* não seria a menina dos olhos das campanhas eleitorais). O pensador Dominique Colas encerra a questão: "toda a imagem do poder corresponde a um poder da imagem".

As campanhas e os *slogans* que brotam nas redes sociais e nos espaços materiais conseguem, assim, interpelar as imagens de grupos subalternizados, questionando as regras que ordenam as visualidades, a sintaxe que lhes dá estrutura, flagrando o fantástico descompasso entre as trajetórias múltiplas e diferenciadas desses grupos e as imagens redutoras que insistem em representá-los (no que concerne às mulheres negras, para além de desenvolvermos funções subalternizadas, somos professoras, artistas, empreendedoras, escritoras, médicas...). Claro que não estamos cegas à sombra de melhora que se projeta nas formas de representação dos "tradicionalmente excluídos" dos códigos visuais, mas é inegável a persistência de discursos vinculados a arquétipos cristalizados no passado, reconhecíveis e normalmente aceitos, sancionados pelo imaginário, de onde provêm.

Não nos cabe aqui mergulhar nas definições intrincadas de imaginário. Interessa-nos pôr em relevo, de forma sucinta e banal, a ideia de que o termo recobre um repositório cultural de onde extraímos, sem saber, as referências (racismos e sexismos inclusos) que dão sentido às nossas vidas. O imaginário teria, assim, um papel precedente, o que não é estranho às várias tradições teóricas que consideram o ser humano resultado de antecedências: na letra foucaultiana, à exceção do psicótico, nascemos alienados no discurso vigente; para os teóricos da linguagem e da semiótica, ao falar, somos falados (Julia Kristeva); o humano já nasce como um efeito do outro, um intertexto (Bakhtin); no abecedário psicanalítico, o inconsciente desautoriza qualquer tentativa de proclamarmos um sujeito consciente, racional, senhor absoluto de si. Enfim, "o ser humano é pensado, em vez de se pensar soberanamente".

Qual a lição que devemos tirar dessas espessas referências? Estariam elas induzindo a uma conformação frente às desigualdades e iniquidades do mundo? Teríamos de abdicar da ação política e nos resignar em ver a boa rotina do mundo em sua assombrosa imutabilidade? Deveríamos oferecer indulgência aos racistas, sexistas, homofóbicos e praticantes de todo tipo de discriminação?

Ao contrário, considerar as incidências imaginárias como recursos que nos antecedem não corresponde a eliminar "a potência do indivíduo" (Sodré), a rebaixar a importância da política no seu papel de reinterpretar, reelaborar e intervir no mundo tal qual se nos apresenta. Considerá-las, corresponde, antes, a adoção de uma tarefa política que também requer movimentos antecedentes tal como o funcionamento do próprio imaginário, ou seja, no território das sub-representações ou das visibilidades fraturadas, mais do que promover a assunção de imagens positivas de grupos estigmatizados (o que já é uma conquista de envergadura), é preciso que produzamos outra ortografia do visual, com novas regras que possam acolher a pluralidade do universo. Como disse Judith Butler, não basta apenas disputar reconhecimento social, mas é preciso mudar as normas que atribuem reconhecimento diferenciado. Eis o nosso desafio. Se "cada um que nasce (re) inaugura consigo a humanidade inteira", a responsabilidade pela construção de outra história, pela instauração de uma nova ordem de sentido e pelo declínio do fixo, do inalterável, supõe um enfrentamento das regras não escritas que atribuem, de forma desigual, valor aos seres humanos.

Costuma-se afirmar que cada tempo possui desafios políticos específicos. Arriscaria dizer que a nossa época está sendo marcada por embates na ordem do imaginário, por guerra de imagens e signos, por sede de representação e visibilidade (até análises sobre o Estado Islâmico buscam no estatuto da visibilidade e da sociedade do espetáculo as chaves de compreensão desse fenômeno complexo). Pierre Bourdieu advertiu que "talvez não exista pior privação, pior carência, que a dos perdedores na luta simbólica por reconhecimento, por acesso a uma existência socialmente reconhecida, em suma, por humanidade". (2001). E a luta simbólica, especialmente das mulheres negras, vem obtendo vitórias parciais, pois mesmo com o ônus histórico da representação, vem facultando a elas a possibilidade de exercerem papéis e funções fora do escopo dos arquétipos da *empregada doméstica*, da *mulata* e da *mãe preta*. Na condição de "fazedoras" de mundos possíveis (A marcha que reuniu mais de 20 mil em Brasília no ano passado disso dá prova), tecem o manto da vida em suas múltiplas formas de existir e resistir.

Referências bibliográficas
BORGES, Rosane. Agora é que são elas: pode a subalterna-falar-escrever? *Revista Fórum*. nov. 2015.

Agora é que são elas: pode a subalterna falar-escrever?

> *E o risco que assumimos aqui é o do ato de falar com todas as implicações. Exatamente porque temos sido falados, infantilizados (infans é aquele que não tem fala própria, é a criança que se fala na terceira pessoa, porque falada pelos adultos) que neste trabalho assumimos nossa própria fala. Ou seja, o lixo vai falar, e numa boa.*
>
> Lélia Gonzalez.

Redes sociais e as campanhas mobilizadoras

A proposta lançada pela feminista Manoela Miklos, cuja ideia é fazer homens que escrevem em jornais, revistas e congêneres cederem seus espaços de fala para o exercício da voz feminina, teve adesão imediata. Ao longo desta semana, mulheres de diversos matizes e posições políticas mandaram a letra: da chamada grande imprensa à miríade que compõe as mídias digitais, testemunhou-se uma sinfonia de vozes muito bem orquestrada (este artigo é um exemplo), instituindo e/ou reafirmando acesso à soberania negada.

Não é mais novidade que a Internet, com as redes sociais na dianteira, tornou-se quase um habitat natural de campanhas e desafios que convocam temporariamente o engajamento das pessoas. Quem não se lembra do desafio do "balde de gelo", que consistia em solicitar a participação de celebridades para que se auto infligissem um banho de água gelada e, ato contínuo, doassem dinheiro para o desenvolvimento de pesquisas sobre a esclerose lateral amiotrófica? Espelhando-se em gente famosa, pessoas comuns mimetizaram o ato, o que garantiu visibilidade planetária ao combate à doença, até então desconhecida para muitos.

Poderíamos enxergar na proposta-desafio lançada por Manoela algo que vai além daquelas ações abrigadas sob a rubrica da solidariedade, como as do "balde de gelo", alvo de diversas críticas mundo a fora. Esses desafios normalmente pautam-se por uma gramática moral defensora da ajuda ao outro, o vulnerável, o frágil, sem exigir que aquele que presta ajuda perturbe o seu lugar de estabelecido, hegemônico, favorecido. Em suma, na dinâmica desses desafios, os lugares dos que ajudam e dos que são ajudados permanecem imperturbáveis, intactos.

"Nossos passos vêm de longe"

Como pensar essas questões (para além da boa vontade das almas caridosas) num momento em que se reeditam, nos espaços públicos de expressão da fala e da escrita, expressões machistas, misóginas e racistas? De que forma as mulheres que não tiveram historicamente poder de fala podem instaurar, a partir do "Agora é que são elas", renovado diálogo com homens, sujeitos legitimados pelo sistema machista-racista, para o exercício da fala-escrita no espaço público?

Há muito a tradição teórico-política, principalmente aquela que irradia dos movimentos feministas e dos movimentos negros, nos legou um ensinamento irretorquível: a via central para o processo de emancipação passa pela evasão do sítio do silêncio.

Não foi por acaso que a narrativa de muitas escritoras do campo literário foi avaliada a partir de reflexões orientadas pela noção de sintoma em virtude da presença de sujeitos-narradores na voz masculina em suas obras. Marguerite Yourcenar, Clarice Lispector, Nathalie Sarraute, Marguerite Duras e Nélida Piñon foram algumas delas. Também não foi mero jogo retórico a célebre frase " o lixo vai falar", da pensadora e feminista negra Lélia Gonzalez, partícula que integra a epígrafe deste artigo. Em "Racismo e sexismo na sociedade brasileira", Lélia apresenta um conjunto de reflexões que nos leva a pensar na importância da fala no espaço público, pois, considerando que as mulheres negras estão, no dizer dela, "na lata de lixo da sociedade", é necessário falar, é necessária a construção de um sistema de escritura que realoque o lugar desse sujeito subalternizado, aprisionado pelo imaginário no lugar-função da mucama, da mulata e da mãe preta.

A frase cortante de Lélia ganha pleno sentido numa sociedade em que mulheres negras não tiveram o poder da fala e da escrita (não é à toa que a maranhense, Maria Firmina dos Reis, escravizada, autora do primeiro romance brasileiro, Úrsula, foi soterrada pelo cânone). Das bordas, das franjas dos espaços legitimados, essas mulheres souberam, no entanto, requerer e instituir pela escrita outros lugares de existência. A pensadora indiana, Gayatri Chakravorty Spivak, no seu propalado livro que inspirou parte do título deste artigo, *Pode o subalterno falar?*, diz que "o subalterno é aquele cuja voz não pode ser ouvida" e corresponde "as camadas mais baixas da sociedade constituídas pelos modos específicos de exclusão dos mercados, da representação política e legal, e de possibilidade de se tornarem membros plenos no estrato social dominante. "

O filósofo Jacques Rancière, referido em outros artigos meus, afirma que nem todas (os) podem participar da partilha do sensível e integrar de forma igualitária o "comum", responsável por definir a política (decisões sobre estética, modos de fazer e de pensar, regras e normas, destinos da sociedade de modo geral). Amparado no contexto da escravidão grega, lembra o filósofo que: escravos não podiam participar das coisas comuns porque não compreendiam a linguagem e, se a compreendessem, não a possuíam; os artesãos também não podiam porque não tinham tempo para se dedicar a outras coisas que não fosse o trabalho; as mulheres eram sumariamente interditadas do espaço público, da política decisória: "a partilha do sensível faz ver quem pode tomar parte no comum em função daquilo que faz, do tempo e do espaço em que essa atividade se exerce. Assim, ter esta ou aquela ocupação define competências ou incompetências para o comum".

O reconhecimento de quem tem a fala pública
Ora, não se participa do comum sem a mediação da linguagem, que se materializa, fundamentalmente, na fala e na escrita. Uma vez que nós, mulheres negras, fomos aprisionadas em lugares que nos alijaram da coisa pública, fomos subtraídas dos códigos de linguagem que traduzem e modelam o social.

No rastro de Lélia Gonzalez, reagimos aos processos de exclusão do "comum" e disputamos lugar ao centro, problematizando, a partir de olhares e perspectivas próprias, o papel da autoria. A escrita, em suas diversas modalidades (política, sociológica, literária, filosófica, antropológica, psicológica, jornalística, ensaística), é uma via de acesso prioritário para lograr êxito a essa tarefa, como dá para ver.

De Maria Firmina dos Reis a Conceição Evaristo, de Geni Guimarães a Esmeralda Ribeiro, de Lélia Gonzalez a Sueli Carneiro, de Luiza Bairros a Jurema Werneck, de Mundinha Araújo a Wânia Santanna, de Beatriz Nascimento a Lucia Xavier, de Leda Martins a Petronilha Gonçalves, de Vilma Reis a Ana Luiza Flauzino, de Cidinha da Silva a Kiusam de Oliveira, entre tantos outros nomes de uma constelação heterogênea, o cumprimento dessa tarefa política vem sendo enfrentada com o compromisso de dotar as mulheres negras da competência sobre a qual mencionou Rancière.

Uma plataforma metodológica, igualmente heterogênea, vem sendo adotada para dar visibilidade ao pensamento e às propostas que emanam dessas mulheres, aqui e em outros lugares da diáspora e da África. *O livro de saúde das mulheres negras:* nossos passos vêm de longe, organizado pela pensadora e feminista, Jurema Werneck, é um paradigma para se pensar nos processos de escritura protagonizados por quem historicamente "esteve na lata do lixo da sociedade, considerada inapta para "a partilha do sensível". Do campo literário, podemos extrair o termo escrevivência como uma categoria, entre tantas outras possíveis, capaz de dar consistência a variações de relatos que se constituem em operador textual das formas do dito. Cunhado pela escritora Conceição Evaristo, "escrita e vivência", para ela, andam juntas.

Nesse caminhar pelos desfiladeiros da linguagem, flagra-se, portanto, uma trajetória sinuosa com balizas fundamentais, deixadas pelas escritoras e ativistas acima referidas, para que o trajeto a ser percorrido não prescinda do projeto ético, profundamente humanista, destinado a emancipar grupos subalternizados, densamente povoados pelas mulheres negras. A disputa discursiva é arena prioritária para que ascendamos ao espaço público, livre das funções sociais aprisionantes (mucama, mulata e mãe preta) que reduziram os limites de nossa existência, como assinalou Lélia Gonzalez.

A pensadora e feminista Judith Butler, no seu mais recente livro, *Quadros de guerra:* quando a vida é passível de luto, elabora oportunas perguntas que iluminam um programa de ação que tem no ato de falar-escrever uma plataforma importante: "o problema não é apenas saber como incluir pessoas nas normas existentes, mas sim considerar como as normas existentes atribuem reconhecimento de forma diferenciada. Que novas normas são possíveis e como são forjadas? O que poderia ser feito para produzir um conjunto de condições mais igualitário da condição de ser reconhecido?".

Podemos colher do cotidiano fatos que corroboram a lógica do reconhecimento a partir das normas que pré-definem quem pode ser considerada apta para a participação no debate público, para discutir e definir os destinos da sociedade. Vou me ater apenas a dois episódios recentes. A Pontifícia Universidade Católica (PUC) de São Paulo promoveu dias atrás um debate sobre política e desenvolvimento, com nomes de várias latitudes do pensamento brasileiro, incluindo o prefeito Fernando Haddad. Pelo tema, deve-se supor que a presença de mulheres negras seria algo imprescindível. Mas nenhuma voz negra (de homens ou de mulheres) ressoou. O SESC-SP promoverá na semana que vem discussão sobre cinema e alteridade, onde serão debatidos temas sobre a construção e representação do outro, e as questões que envolvem a visibilidade de grupos historicamente serão um tópico importante nesse encontro de especialistas. Também nenhuma mulher negra no painel dos palestrantes do SESC.

Tanto no primeiro quanto no segundo episódios, vozes negras importantes são atravessadas como cortina de fumaça. Quando um pouco de atenção é dada a elas, é como "vozes específicas", "recortadas", transitáveis apenas em comunidades-nicho - restritas a assuntos que interessam, supostamente, à população negra - que ingressam na arena discursiva da sociedade. O ativista do movimento negro, Douglas Belchior, vem apontando sistematicamente o caráter excludente dessas práticas, vistas como absolutamente "naturais", chanceladas pela máxima que insiste em afirmar o não reconhecimento de especialistas no meio das mulheres negras para discutir assuntos que envolvem a sociedade globalmente.

Sem concessões, nem tutela
Terminemos como começamos. Como a campanha "Agora é que são elas" incide sobre essas questões? A essa altura podemos dizer que, a rigor, nós, mulheres negras, não precisamos da concessão de homens, o que é verdade. Relembremos novamente Lélia Gonzalez, que avançou nas malhas do espaço público sem pedir licença e sem o "benefício" da concessão. Por isso, também, marcharemos no próximo 18 de novembro, em Brasília.

Podemos, no entanto, atribuir uma função política importante à campanha: ainda que temporalmente marcada, "Agora é que são elas" revela um algo a mais em relação a outros desafios que brotam das redes sociais porque tem potência para perturbar o lugar e o espaço do hegemônico. É, sem sombra de dúvidas, mais uma oportunidade para que os homens (e não apenas os que cederam seus espaços para a manifestação do nosso verbo), detentores da primazia no espaço público, revejam as normas que atribuem reconhecimento diferenciado, no dizer de Butler. Quanto a nós? Pois bem, com ou sem a concessão deles, "o lixo vai falar, e numa boa".

Referências bibliográficas
BUTLER, Judith. *Quadros de guerra*: quando a vida é passível de luto? São Paulo: Boitempo, 2015.

EVARISTO, Conceição. *Becos da memória*. Belo Horizonte: Mazza Edições, 2006.

GONZALEZ, Lélia. Racismo e sexismo na cultura brasileira. In: Revista Ciências Sociais Hoje, Anpocs, 1984, 223-244.

RANCIÈRE, Jacques. *A partilha do sensível*. Belho Horizonte: Autêntica, 2010.

WERNECK, Jurema. *O livro da saúde das mulheres negras*: nossos passos vêm de longe. Rio de Janeiro: Pallas/Criola, 2000.

"Quase todo o Brasil cabe nessa foto"

A frase com a qual titulo este artigo é de Luiz Felipe Alencastro e integra uma análise fotográfica bastante conhecida feita por este historiador em *A história da vida privada no Brasil* (vol. 2). *Os personagens da imagem são* uma mulher negra escravizada e uma mucama, ladeada por um menino branco do qual era cuidadora, conforme mostra imagem a seguir. Tirada em Recife, em 1860, *a foto, muito difundida e alvo de inesgotáveis apreciações, é perturbadora, dadas as ambivalências que carrega, revelando e ocultando os meandros do servilismo, da política dos afetos, do corpo que se presta à captura do olhar do outro, mas que também se impõe.*

Em sua descrição, diz Alencastro: "A imagem de uma união paradoxal, mas admitida. Uma união fundada no amor presente e na violência pregressa. A violência que fendeu a alma da escrava, abrindo o espaço afetivo que está sendo invadido pelo filho do senhor".[1]

O recente episódio envolvendo a atriz Fernanda Lima e as babás de seus filhos, duas mulheres negras, nos reenvia para a fotografia de 1860. Causou espécie a imagem divulgada pela atriz em que aparecem, felizes e bem vestidas, as irmãs Ângela e Tayane Dias. A legenda, com ar de benfeitoria, traduzia o porquê do registro: "Aqui em casa não tem essa de babá vestida de branco! Olha o grau das mina (sic)". Podemos dizer que quase o Brasil todo também cabe na foto da atriz!

A contra-ofensiva, como era de se esperar em tempos de circulação *online*, foi instantânea: antagonistas e defensoras (es) transbordaram o Instagram da atriz com mais de 400 comentários. Reagindo a um *post* incisivo, responde Fernanda Lima:

---

[1] Eis o trecho da análise de Alencastro: "A fotografia feita no Recife por volta de 1860. Na época era preciso esperar no mínimo um minuto e meio para se fazer uma foto. Assim, preferia-se fotografar as crianças de manhã cedo, quando elas estavam meio sonolentas, menos agitadas. O menino veio com a sua mucama, enfeitada com a roupa chique, o colar e o broche emprestado pelos pais dele. Do outro lado, além do fotógrafo Villela, podiam estar a mãe, o pai e outros parentes do menino. Talvez por sugestão do fotógrafo, talvez porque tivesse ficado cansado na expectativa da foto, o menino inclinou-se e apoiou-se na ama. Segurou-a com as duas mãozinhas. Conhecia bem o cheiro dela, sua pele, seu calor. Fora no vulto da ama, ao lado do berço ou colado a ele nas horas diurnas e noturnas da amamentação, que os seus olhos de bebê haviam se fixado e começado a enxergar o mundo. Por isso ele invadiu o espaço dela: ela era coisa sua, por amor e por direito de propriedade. O olhar do menino voa no devaneio da inocência e das coisas postas em seu devido lugar. Ela, ao contrário, não se moveu. Presa à imagem que os senhores queriam fixar, aos gestos codificados de seu estatuto. Sua mão direita, ao lado do menino, está fechada no centro da foto, na altura do ventre, de onde nascera outra criança, da idade daquela. Manteve o corpo ereto, e do lado esquerdo, onde não se fazia sentir o peso do menino, seu colo, seu pescoço, seu braço escaparam da roupa que não era dela, impuseram à composição da foto a presença incontida de seu corpo, de sua nudez, de seu ser sozinho, da sua liberdade. O mistério dessa foto feita há 130 anos chega até nós. A imagem de uma união paradoxal mas admitida. Uma união fundada no amor presente e na violência pregressa. A violência que fendeu a alma da escrava, abrindo o espaço afetivo que está sendo invadido pelo filho do senhor. Quase todo o Brasil cabe nessa foto".

"Querida, essas meninas são filhas de uma grande amiga e não trabalhavam. Quando tive meus meninos, liguei pra elas perguntando se elas queriam uma oportunidade de trabalho porque eu estava disposta a ensinar, já que saquei que, apesar de difícil, a profissão de babá pode ser muito rentável. Desde então elas convivem com nossa família, comemos na mesma mesa, conversamos e trocamos confidências como amigas e ainda as remunero muito bem. Sem queixas, nem crises por parte de ninguém".

Pelo que se nota, a emenda saiu pior que o soneto. E por inúmeras razões. Vamos a algumas delas.

'Quem pode falar num espaço comum?

A declaração de Fernanda Lima advém da mesma matriz dos discursos propalados por benevolentes patroas país a fora e bebe da mesma fonte que alimenta o imaginário dos afetos que as classes abastadas (ou as que assim se pensam) dizem nutrir pela criadagem. Quem nunca ouviu as cândidas e enternecedoras frases: "a minha empregada é quase da família"; "lá em casa a empregada come na mesma mesa que a gente", e por aí vai. Algumas avançam: "aqui em casa não tem esse negócio de empregada doméstica, aqui a gente tem secretária" (como se, pela "inócua" nomeação, o estatuto de doméstica se alterasse ou se as relações, por vezes de exploração, mudassem de natureza, ao modo de um passe de mágica).

A legenda da imagem e a resposta da atriz estão no mesmo diapasão das corriqueiras frases que elencamos acima e reforça o padrão que lastreia uma formação discursiva sobre o assunto, donde formação discursiva é vista aqui da forma pela qual pensadores como Michel Foucault e Patrick Charaudeau a conceberam: uma série de enunciados que responde as mesmas regras de constituição. Uma formação discursiva supõe, portanto, memória, lastro histórico, permanência, dialogismo com formas do passado que se reatualizam... Em suma: quase todo o Brasil cabe na foto de Fernanda Lima! Resta curioso que muitas dessas vozes também foram e são contra a PEC das empregadas domésticas. Preferem a tutela ao reconhecimento; as barganhas desiguais à garantia de direitos.

Ao falar *pelas* babás, Fernanda Lima subtrai de suas funcionárias a dignidade que quer imputar a elas por meio de roupas comuns, "de passeio". E subtrai porque fala por elas no território comum partilhado em que as redes sociais ganham abrigo: *a web*. Vem de longe a discussão sobre as interdições ou impossibilidades daqueles que não podem falar num *espaço comum*. Aristóteles e Platão, por exemplo, definiram hierarquicamente um território comum onde só alguns podiam participar. O cidadão, para Aristóteles, é aquele que pode governar e ser governado. O animal falante é, para este filósofo, um animal político, atributo do qual o escravo é destituído, pois se compreende a linguagem não a possui. Para Platão, os artesãos não podiam participar da partilha do *comum* porque não tinham tempo para se dedicar a outra coisa que não o trabalho manual. Jacques Ranciére, em *A partilha do sensível*, empreende análise que "faz ver quem pode tomar parte no *comum* em função daquilo que faz, do tempo e do espaço em que essa atividade se exerce. Assim, ter esta ou aquela ocupação define competências ou incompetências para o *comum*".

Ainda que as duas irmãs sejam atuantes nas redes sociais (e provavelmente são, como há de se supor), foi pela voz da "patroa" que elas emergiram na cena pública, no espaço *do comum*, numa referência com aparente valor simbólico. Mais uma vez: quase todo o Brasil cabe na foto de Fernanda Lima.

Se quisermos abreviar a questão, nem precisamos ir tão longe, nos embrenhando pela filosofia. A máxima cristã, oriunda do provérbio judaico, sintetiza o problema da imagem: "A caridade deve ser anônima, do contrário é vaidade". Não cabe, assim, a Fernanda Lima publicizar a sua decisão de liberar as suas babás do uniforme, fazendo disso prova inequívoca, quase um troféu, de sua "bondade".

Muitas críticas não hesitaram em enxergar na atitude da atriz um ataque de sinhá. Revoltada com o epíteto, Fernanda Lima desabafa: "Estou meio cansada dessas discussões e interpretações de texto alucinadas da rede. E também torço pela alternância de poder. Seria maravilhoso um presidente negro. Pelo menos concordamos em algum ponto". E não foi só ela que se mostrou cansada. Uma legião de fãs desfiou um rosário de argumentos para demonstrar o quão fora da casinha estavam todas (os) aquelas (es) que enxergaram algum fio de racismo ou resquício escravocrata na fotografia amplamente divulgada. Para ela, Fernanda, tal acusação é de uma injustiça sem par, até porque "ainda" as remunera muito bem (prestemos atenção na expressão adverbial "ainda", que significa *mais, além, até agora, até então*). Não sabem Fernanda Lima e seus apoiadores que o reconhecimento do outro não passa somente por bons salários, "roupas de passeio" no horário do expediente, tampouco por conversas amistosas, íntimas até, entre patroa e empregada. Passa pela partilha do comum (que não é a partilha das confidências), esse lugar socialmente compartilhado (onde mora a política, a estética, as decisões que concernem à maioria...), que desde sempre foi interditado aos escravizados e subalternizados. É sintomático que os comentários elogiosos sobre a foto não se dirijam diretamente às babás, mas à atriz, relegando Ângela e Tayane ao silêncio e, no melhor dos casos, a uma *fala por procuração*.

A insurgência de porções significativas da militância negra contra a publicação da fotografia não põe em questão o fato de a atriz cumprir ou não com suas obrigações de empregadora, tampouco se Ângela e Tayane Dias são próximas ou distantes da família do casal afamado. A altissonante reprovação coloca em jogo a disputa por um território comum onde quem foi escravizada quer falar por si própria. Falar, e não ser falado por outrem, num espaço comum, tornou-se, mais do que nunca, uma reivindicação absolutamente necessária em tempos de hiperinflação de imagens. A desconsideração dessa prerrogativa pela atriz e seus apoiadores faz quase todo o Brasil caber nessa foto tanto quanto coube na de 1860.

Não foi à toa que Lélia Gonzalez, uma das mais fortes expressões do feminismo negro, principia um seminário com uma frase tão cortante quanto necessária: "na medida em que nós, negros, estamos na lata de lixo da sociedade brasileira, pois assim o determina a lógica da dominação, assumimos nossa própria fala. Ou seja, o lixo vai falar, e numa boa".

Tratar empregadas domésticas com gentilezas é algo bem-vindo, sem dúvida, mas está longe de ser o passo essencial que possibilita a plena autonomia de milhares de mulheres negras que ainda não partilham a sua fala no espaço comum por onde se tece a trama do mundo.

Memória Lélia Gonzalez: tributo que reativa o combate ao racismo e ao sexismo

Um dia como esse tira qualquer mágoa do coração.
Jê Ernesto

Os lugares que se bifurcam, o acontecimento que se amplifica
Centro de São Paulo. 15 de julho de 2015. Quase 19h. Pessoas de diferentes faixas etárias, procedências e filiações políticas aglomeram-se, escrevente inclusa, no térreo do Centro Cultural Banco do Brasil (CCBB) que transborda e transborda. O objetivo era um só: todas as atrasadas queriam ter a oportunidade de adentrar a sala onde estava sendo lançado, desde às 17h30, o Projeto Memória "Lélia Gonzalez: o feminismo negro no palco da História", uma iniciativa da Fundação Banco do Brasil, em parceria com a Rede de Desenvolvimento Humano (Redeh) e Brasilcap.

O tom solene e peremptório das funcionárias do CCBB, ao anunciarem que seria impossível a entrada das remanescentes, teve efeito de balde de água gelada nas aspirações do grupo, uma pequena multidão de inconformadas. – Como assim não tem mais espaço? Bradei, incrédula. – Pessoal, trata-se de um evento sobre Lélia Gonzalez,[1] gritou outra indignada ao fundo. – Eu vim de tão longe para participar do evento, que não terá segunda edição por aqui, e sou pega com uma dessas, desabafou alguém ao meu lado. E, assim, sucessivas manifestações de decepção iam se assomando, turvando o ambiente, até poucos minutos pontilhado, de

---

[1] Filha de um ferroviário negro e de uma empregada doméstica indígena, era a penúltima de 18 irmãos. Nascida em Belo Horizonte, mudou-se para o Rio de Janeiro em 1942. Graduou-se em História e Filosofia e trabalhou como professora da rede pública de ensino. Fez o mestrado em comunicação social e o doutorado em antropologia política. Começou, então, a se dedicar a pesquisas sobre relações de gênero e etnia. Foi professora de Cultura Brasileira na Pontifícia Universidade Católica do Rio de Janeiro, onde chefiou o departamento de Sociologia e Política. Como professora de Ensino Médio no Colégio de Aplicação Fernando Rodrigues da Silveira (UEG, atual UERJ), nos difíceis anos finais da década de 1960, fez de suas aulas de Filosofia espaço de resistência e crítica político-social, marcando definitivamente o pensamento e a ação de seus alunos. Ajudou a fundar instituições como o Movimento Negro Unificado (MNU), o Instituto de Pesquisas das Culturas Negras (IPCN), o Coletivo de Mulheres Negras N'Zinga e o Olodum. Sua militância em defesa da mulher negra levou-a ao Conselho Nacional dos Direitos da Mulher (CNDM), no qual atuou de 1985 a 1989. Foi candidata a deputada federal pelo PT, elegendo-se primeira suplente. Nas eleições seguintes, em 1986, candidatou-se a deputada estadual pelo PDT, novamente elegendo-se suplente. Seus escritos, simultaneamente permeados pelos cenários da ditadura política e da emergência dos movimentos sociais, são reveladores das múltiplas inserções e identificam sua constante preocupação em articular as lutas mais amplas da sociedade com a demanda específica dos negros e, em especial, das mulheres negras". (Fonte: Wikipedia).

forma patente, de júbilo, ansiedade, promissoras expectativas. Como que tentando procurar debelar o sentimento de culpa que tomou conta dos olhares e pensamentos, passamos a colher explicações que justificassem a "comida de bola" (eu mesma fiquei pensando com os meus botões: por que não parei com a escrita do livro, que a rigor pode esperar? Por que calculei mal o tempo de chegada até aqui?): "gente, um evento como esse teria que ser feito num espaço mais amplo, aqui é muito pequeno", cravou alguém em busca de soluções. Eu também procurei me acercar de algumas justificativas para o acontecido. Apoiando-me no expediente jornalístico, relatei: "a divulgação ampla arrastou centenas de pessoas para o CCBB que não tem capacidade para tanto. O evento foi ostensivamente divulgado: eu recebi notificações por e-mail do CCBB, o Portal Geledés divulgou, o site CEERT, idem, o assunto circulou nas redes sociais…".

Proporcional ao público "excedente", uma chuva de blá, blá, blá caiu no térreo do CCBB nesse momento.

Lélia Gonzalez se faz ubíqua

Eis que no meio das queixas e desculpas, algumas esfarrapadas, do contingente desolado, uma das organizadoras do evento, Nilza Iraci, desce e nos dá um alento: "pessoal, de fato não tem como vocês subirem, o CCBB teve que disponibilizar mais uma sala, pois a primeira lotou e a segunda já não comporta mais ninguém. A solução que encontramos foi o acesso de vocês ao coquetel, momento em que será distribuído o kit Lélia Gonzalez". Nesse momento, uma funcionária do CCBB, contrariada com a decisão, retruca lateralmente: "mas essa decisão é de vocês, da organização, não do CCBB, porque de fato não há mínimo espaço nem mesmo durante o coquetel". Nilza Iraci mantém a promessa, afirmando para a funcionária: "não se preocupe, vamos sim arrumar um jeito para acomodar a todas durante o coquetel". Essa virada, um novo capítulo da novela, escrito na presença de todas, foi um impulso para que o acontecimento fosse ganhando ainda mais densidade simbólica. Mediante o anunciado, o público se mostrou inarredável.

O sentimento de alegria contagiou a todas e recuperou o domínio do território que teve na presença de Sônia Nascimento, de Geledés, um fator decisivo. Com generosa solidariedade que lhe é típica, Sônia transita pelo térreo do CCBB, um limbo para as "sem-evento", conversa cuidadosamente com todas, reforça o comunicado de Nilza, presta especial atenção às mais velhas, convida as pessoas para se acomodarem confortavelmente, e dali não arreda… Entre o anúncio de Nilza e a previsão do coquetel, quase uma hora nos separava do momento mágico. Além da solidariedade da doutora Sônia, como carinhosamente a chamamos, fomos agraciadas com os relatos das pessoas de "dentro", que vez por outra desciam e nos forneciam informações sobre o caminhar do evento: "a fala de Sueli, pra variar, foi ótima", "o documentário é muito bom"...

As gentilezas da doutora Sônia, as informações prestimosas que nos chegavam fresquinhas e outras cenas ímpares criaram, naquele espaço, um *evento dentro do evento*. Aos poucos, todas nós sentíamos a magnânima presença de Lélia Gonzalez. De limbo das "sem-eventos", o lugar da espera ganhou novo estatuto: instalava-se ali mais um lugar do *acontecimento*. Não havia mais distinção entre palco e bastidor, as fronteiras entre as de dentro e as de fora se liquefaziam, pois passávamos a comungar do mesmo território de rememoração. O ambiente de espera era também o de ação. O térreo se transformou, assim como as salas do segundo andar, em *lugar de memória*, evocando a expressão do historiador Pierre Nora; converteu-se em lugar de partilha da vida de Lélia Gonzalez, que se fez ubíqua no CCBB, com sua voz ecoando em todas as dependências.

**De Lélia Gonzalez a Sueli Carneiro:
a convocação para ação política**
Dos vasos comunicantes entre o segundo andar e o térreo do CCBB, a conexão estendeu-se ao mezanino, onde aconteceu o coquetel e a sessão de autógrafos. A presença altiva de militantes de tempos de outrora e de agora e a assiduidade de jovens pesquisadoras, intelectuais, gestoras públicas, profissionais liberais impingiram àquele espaço uma aura especial, onde se completou mais um ato de um acontecimento com altíssimo valor simbólico e político. A presença majestosa de Sueli Carneiro, autora dos textos do livro fotobiográfico que integra o *kit do* Projeto, autografando entusiasticamente centenas de livros, é algo para ser mencionado com destaque. Vê-la escrevendo acertadas dedicatórias, exortando algumas jovens a assumirem a cena política, validando a trajetória política de tantas outras, nos fez sentir, plenamente, a vivacidade do fazer político de Lélia Gonzalez.

No livro sobre seu perfil, de minha autoria, Sueli Carneiro assinala com relevo o seu papel de herdeira que reelabora o patrimônio herdado. O evento de hoje confirma o cumprimento desse papel e aponta para a continuidade da história. Um dos atributos de Lélia Gonzalez é ter se instalado no lugar do fundamento dos fundamentos. Ao dizer isso não estou cedendo ao genesismo (pois como se costuma dizer "antes do início, há sempre um outro começo para quem procura bem"), mas, antes, apontando as antecedências de uma visada política por ela adotada. De Lélia a Sueli, um arco se estabelece para permanecermos na senda de duas mulheres combatentes das desigualdades raciais e de gênero.

A noite celebrativa do 15 de julho de 2015, cheia de luz, plena de magia, já ficou na história como o dia em que Lélia Gonzalez mais uma vez conclama ao combate do racismo e do sexismo, sob a batuta de uma das suas mais brilhantes seguidoras, Sueli Carneiro. Quem lá esteve, com olhos abertos e ouvidos aguçados, saiu absolutamente convicta de que o evento ultrapassou seus próprios limites e semeou sementes cujos frutos serão avaliados em futuro próximo.

A frase singela com a qual inicio esse texto, publicada na *timeline* de Jê Ernesto, em referência ao evento, talvez nos permita ir um pouco mais fundo nos desdobramentos do lançamento de um projeto que, sob a rubrica da memória, afeta cada uma de nós e nos permite pensar grande. A superação do racismo e do sexismo, como aprendemos com Lélia e Sueli, nos leva, inevitavelmente, a esse grande desafio. Jovem negra, estudante de Direito, engajada politicamente, Jê Ernesto viu o macro no micro. Sigamos com elas, com Lélia e Sueli, sem mágoas, conhecedoras da história como ela é e como poderá, quem sabe um dia, ser.

Racismo, formas simbólicas e culturais: zoo humano e black face, do arcaico ao residual

"O que manda em nós é sempre o mais antigo, sujeito a novas racionalidades."
Mia Couto

Das coisas que se repetem

Alguns enunciados interrogativos, por não se prestarem a rápidas e fáceis soluções, nos acompanham por uma vida toda. Todas nós, de uma maneira ou de outra, somos/estamos engajadas em questionamentos que se mantêm em nosso encalço à espera de algum esforço de compreensão. Quando consideramos que encontramos as respostas, elas se mostram insuficientes, precárias, inválidas, com consistência igual à das fumaças.

A famigerada *blackface*, que pulula aqui e ali, e a apresentação itinerante "*Zoo humano*", também chamada de "*Exhibit B*", são dois "acontecimentos" que nos reenviam aos enunciados interrogativos que insistem, persistem e nos lançam novamente ao mar tempestuoso, em busca de alguns endereços de resposta. Aos fatos.

1) Black face. A título de lembrete, o acirrado debate em torno da reemergência do *blackface*, recurso de tempos atrás utilizado em peça dos nos nossos tempos, "A mulher do trem", teve diversos desdobramentos. O mais vistoso foi a suspensão do espetáculo e, no lugar, a realização de um debate no Itaú Cultural, o patrocinador da peça, no dia 12 de maio.

Dirigida por Fernando Neves, "A mulher do trem", da companhia "Os fofos", retrata um Brasil pequeno burguês e bonachão. O cenário é a sala de visitas de uma família de classe média, na qual transitam personagens tipo-ideais. A companhia esclareceu a respeito das escolhas estéticas que guiam "A mulher do trem": baseada nos formatos populares de circo-teatro, a peça visa ridicularizar "tipos sociais" com comportamentos grotescos. As máscaras caricaturais prestam-se a esse intento.

Para os que avaliam o episódio pelo primado da *arte pela arte*, a peça não pode ser considerada racista, já que as máscaras são um artifício estético arcaico do circo e do teatro para denunciar a família burguesa. Texto e contexto, estética e ética são pares indissociáveis. Por isso, acredito que devemos nuançar a ideia segundo a qual os conteúdos da forma artística devem se sobrepor às reivindicações ideológicas.

As denúncias contra a peça se basearam no fato de que *blackface* é um recurso que desumaniza, avilta, aniquila o outro, cujas raízes remontam à Commedia DellÁrte e aos menestréis do século XIX nos Estados Unidos. Como se vê, o recurso se espraiou nas diversas linguagens e expressões artísticas, como o teatro, o cinema, a TV, o carnaval. Originariamente a serviço da aristocracia branca escravocrata, o *blackface* traz o signo da destituição. Na segunda metade do século XX, foi banida e se transformou em instrumento de denúncia do racismo. Farta literatura certifica a carga negativa desse recurso. O filme "A hora do show", de Spike Lee, é um dos exemplos mais perturbadores da crítica às máscaras negras.

Chama atenção a reincidência de um artifício que foi banido do teatro, do cinema e da TV pela sua rigidez sígnica, com sentidos regrados. À maneira de incêndios florestais, o *blackface* vem se espalhando no tecido social: virou prática costumeira em calouradas universitárias, festas surpresas, confraternizações e similares.

2) Zoo humano – Exhibit B. E por falar em reincidências... Eis que ficamos sabendo das pretensões de Brett Bailey, artista sul-africano, de trazer para São Paulo, em um encontro internacional de teatro, em março de 2016, o "zoo humano", uma exibição em que se afigura um misto de peça teatral, exposição de arte e performance. O ator pretende apresentar "*Exhibit B*" em várias capitais brasileiras.

No "*Exhibit B*", atrizes e atores negros aparecem em jaulas e presos a correntes, passivos, mudos, amordaçados, agredidos, a mercê do olhar do outro. Em suma, Bailey reatualiza as barbaridades da escravidão. O diretor elucida os motivos do grotesco que, assim como "A mulher do trem", fundamenta-se na melhor das intenções, pois é impulsionado pelo espírito da denúncia: mostrar o abjeto, os maus-tratos praticados contra a população negra durante o período colonial. Essa motivação política liga-se subterraneamente com as discussões, agora clássicas, sobre o papel político e educativo de mostrar o horror e o abjeto que aniquilou grupos humanos, com vistas a permanecer na memória histórica e, assim, evitar sua trágica repetição. Neste particular, a experiência do Holocausto judeu é emblemática.

Uma ressalva, no entanto, se impõe: a visibilidade do horror, das experiências traumáticas, deve ser produzida por uma via que mostra/incrimina o passado sem reatualizá-lo. Quer me parecer que tanto a *blackface* quanto o *Exhibit B* não possuem força pedagógica para realizar essa operação. Pior: repetem o que deve ser evitado. A situação de passividade que essa exibição provoca engessa os papeis dos humanos e dos desumanos em cena. Recentemente, escrevi artigo intitulado "Sobre imagens intoleráveis", que tangencia a complexa questão. Nele, recupero os argumentos do crítico de arte, Jacques Rancière, para quem o sistema de informação não funciona apenas pelo excesso de imagens, mas pela seleção das pessoas que falam e raciocinam, que são "capazes de descriptar a vaga de informações referentes às multidões anônimas. A política dessas imagens consiste em nos ensinar que não é qualquer um que é capaz de ver e falar".

Prosseguindo com Rancière, sustento no referido artigo: as imagens mudam nosso olhar quando não são antecipadas por seus sentidos e não antecipam seus efeitos. O discurso da denúncia no campo imagético deve, obrigatoriamente, promover a mudança do olhar, muitas vezes acostumado a ver o mesmo e a não se escandalizar com o comum e "normal" do mundo. Como se vê, a tentativa de denúncia dessa excrescência chamada *"Exhibit B"* é um convite ao malogro, pois antecipa os sentidos do destituído, reiterando códigos que só o aprisiona em imagens desumanizantes de si próprio.

Se a intenção é a denúncia pelo choque, pelo absurdamente surpreendente, há quem considere mais producente substituir atrizes e atores negros por brancos. E não se trata de revanchismo barato, mas de uma operação que envolve compaixão (no seu sentido radical) e promove migrações de sentido. Provavelmente, tal subversão provocaria o deslocamento do olhar ao qual se refere Rancière.

O passado que não terminou

Venho insistindo que o capital das representações não é regido pela boa consciência, tampouco pela intencionalidade; reside, antes, em fundas experiências que se acumulam no repositório cultural que banalmente chamamos de imaginário. À revelia da (boa) vontade do diretor, no primeiro caso, e do ator sul-africano, no segundo, as máscaras e os "quadros vivos" de mulheres e homens negros comunicam algo que não se encerra nos justos intentos, tampouco recebe indulgência por meio do corriqueiro enunciado "não foi isso que eu quis mostrar/dizer".

O "zoo humano" foi repudiado nos países em que se apresentou ou onde tentou fazê-lo: Alemanha, Londres e França se arvoraram contra o *"Exhibit B"*. Acusado de promover uma espécie de *pipi show* (voyeurismo), foi cancelado em Londres após manifestações ostensivas. No Brasil, a contraofensiva já foi hasteada. Petições e chamamentos correm nas redes sociais para que a performance não vingue por aqui.

Escavando o tempo profundo das formas simbólicas, vemos que o "zoo humano" finca raízes em experiências pretéritas. Na primeira metade do século do XX era comum, na Europa, dispensar a negros, índios e esquimós tratamento equivalente aos que se dispensavam a animais, enclausurando-os em zoológicos humanos. Pessoas brancas observavam os "quase humanos" em cativeiro. Tem-se registro de africanos em zoos em Antuérpia, Basileia, Berlim e Londres. Extintos durante a II Guerra Mundial, os zoológicos humanos tiveram como saldo a morte de centenas de mulheres e homens negros.

Em mergulho profundo, vamos mais longe. Qualquer semelhança do *zoo* humano com o gabinete de curiosidades (que deram origem aos museus) dos séculos XVI e XVII não é mera coincidência. Os gabinetes de curiosidades se constituíram em um acúmulo, para o olhar ocidental, de objetos raros e insólitos, estranhos e exóticos, bizarros e pitorescos. O espanto, a atração e a repulsa pelo anormal, pelo disforme, passam a ser um polo de aglutinação de homens e mulheres em espaços públicos. Esses gabinetes serviram para delimitar fronteiras entre os civilizados e os bárbaros, os normais e os desviantes. Padeceu com esse olhar "curioso", a sul-africana, Sarah Baartman, mais conhecida como Vênus Hotentote, que teve seu corpo abusivamente mostrado em espetáculos circenses, exposto em mostras de ciência, servindo para definir a concepção moderna da mulher negra para o mundo europeu. O corpo de Vênus Hotentote foi utilizado para confirmar a normalidade e a civilidade europeias. Pelos *outros* deformados, anormais, estranhos, risíveis, o *eu* confirmava a sua retidão, normalidade, oferecendo um padrão universal de homem.

Muitas feministas negras apontaram os efeitos nefastos das imagens reducionistas: Ângela Davis considera que o estupro está na base da desumanização da mulher negra pelo homem branco, o seu proprietário. Lélia Gonzalez incorpora as categorias de mucama, da empregada doméstica e da mãe preta para, de uma ótica psicanalítica, avaliar como funciona engenhosamente o racismo brasileiro. Angela Gilliam também assinala a sexualização das mulheres negras como forma de controle social, o que define o seu papel e mantém o controle do imaginário sobre elas.

No que diz respeito à mulher negra, as significações parecem ser regradas e, em grande medida, imutáveis. O que parece se confirmar em imagens com as quais nos deparamos cotidianamente na paisagem visual dos nossos dias: recebi, via Facebook, uma fotografia de um anúncio de emprego. O cartaz, sem nenhuma cerimônia, declama: "Oportunidade no cinema: contrata-se atriz negra para papel de empregada doméstica em filme nacional". A produtora contratante é de Brasília.

Permanência e mudança: qual o lugar da arte?

Nesse movimento pendular entre permanência (de signos enrijecidos, inflexíveis vocalizados por formas artísticas como *blackface* e *Exhibiton B*) e mudança (signos capazes de habitar outros sítios de significados), é preciso dar mais uma volta no parafuso, um passo essencial, considero, para a constelação de argumentos que o tema mobiliza. As formas culturais, nas quais se incluem as artísticas, são sempre reconfigurações de expressões antigas. O antigo forma e (re) modela o novo. Insistimos: O que faz "esses recursos" artísticos ganharem fôlego e permanecerem como um código facilmente reconhecível?

O teórico e crítico cultural, Raymond Williams, nos fornece algumas pistas. Para ele, mudanças culturais ocorrem de maneira desigual, de modo que podemos ser influenciados por experiências, práticas, valores, artefatos, instituições muito depois de elas terem perdido sua centralidade nas trocas sociais. Segundo Williams, existem quatro tipos de práticas culturais: emergente, dominante, residual e arcaica. Irei me deter, brevemente, nas duas últimas.

Ao passo que o arcaico se refere às formas históricas que não servem mais para nenhuma função cultural reconhecida (lembremos a substituição do papiro pelo papel), Williams vê o residual como aquilo que pode permanecer na memória coletiva, tornar-se objeto de desejo, ser usado como um recurso para a construção de laços sociais (o caso do vinil, da máquina de escrever). Tal qual o poema "Áporo", de Drummond, (um inseto cava, cava, até achar escape), o conteúdo residual pode voltar à cena e se tornar um elemento propagável. Na trilha de Raymond Williams, podemos afirmar que a *blackface* e *zoo humano* não foram soterrados no campo do arcaico, pois deslizam no território das referências simbólicas e, na condição de residual, cavam, insistem.

Tanto nas fronteiras da estética quanto da política, costuma-se dizer que é impossível criar novas configurações sociais sem de alguma maneira suplantar ou mesmo destruir as velhas. Sabe-se, porém, que a ruptura radical é algo impossível na seara das produções humanas. Até mesmo autores, como Saint-Simon e Marx, que insistiram na importância da mudança revolucionária, consideram que nenhuma ordem social pode conseguir mudanças que já não estejam latentes dentro de sua condição existente. É preciso identificar as profundas continuidades que subjazem às mudanças pretendidas.

Ora, se o papel da arte é mudar os lugares de sentido, deslocar, transfigurar o lugar-comum, transmutar... a sua função política (instalada no campo da denúncia no caso em tela) reside exatamente em perturbar as representações já consolidadas e construir novas referências. Mais uma vez recorrendo a outro artigo meu ("Oscar 2015 e o filme Selma: uma agenda de combate ao racismo e sexismo"), lembro, pelas mãos de Rancière, que a arte é o ponto extremo de uma mudança polêmica do sensível, que rompe com as categorias estabelecidas. "A arte restabelece os critérios para reconfigurar o território do visível, do pensável e do possível". Dessa reconfiguração, o trabalho artístico poderá reunir o mosaico possível de acepções do humano, dando a ver a pluralidade e a irredutibilidade dos indivíduos. A não filiação a esse primado provoca as justas e explicáveis manifestações contrárias ao horror que se avizinha. Reajamos!

Sobre imagens intoleráveis:
o episódio Verônica Bolina

*O uso clássico da imagem intolerável traçava
uma linha reta do espetáculo insuportável
à consciência da realidade que ele expressava
e desta ao desejo de agir para mudá-la.*
Jacques Rancière

Somos todas Verônica!
A exibição, ad nauseum, do corpo de Verônica Bolina com a *hashtag* #SomosTodasVerônica nas plataformas digitais, causou-me incômodo imediato. Da perturbação, assomou-se o sentimento de rechaço à medida em que as imagens não paravam de inundar as redes sociais. Num espaço como o Facebook, em que tudo se mostra, se exibe, onde prevalece a comunicação ubíqua e pervasiva, a hipervisibilidade tornou-se questão capital para a ação política. Sob o influxo da "sociedade transparente", parte-se do princípio de que mostrar é um potente exercício de denúncia, de protesto que conclama a ação, como se observa no trecho acima referido, do filósofo e crítico de arte, Jacques Rancière.

É certo que vem de longa data a exploração de imagens chocantes com propósitos políticos e educativos. Pincemos, do oceano de dados, formas visuais depositadas em nossa memória, construtoras de parte da história, em tempos próximos e distantes: imagens recentes de mulheres e homens agonizando, em estágio terminal, abatidos pelo vírus Ebola na Libéria; vídeo aterrador do linchamento de Fabiana Maria de Jesus, no Guarujá, em São Paulo; cenas trágicas do corpo de Claudia da Silva Ferreira sendo arrastado por um carro da polícia no Rio de Janeiro; foto que correu o mundo da menina queimada, fugindo nua após seu vilarejo ser devastado pelos americanos na Guerra do Vietnã; registro da criança em estado de inanição, à beira do esgotamento, enquanto um abutre está à espreita, esperando pelo seu último suspiro... A propósito, esta imagem rendeu o prêmio Pulitzer ao fotógrafo sul-africano, Kevin Carter. O feito de Carter levantou uma querela de ordem ética: Qual seria a ação política mais engajada, portanto, mais humanista, para o caso em questão: Socorrer imediatamente a criança das garras do abutre ou esperar pelo momento mais "propício" para emprestar à foto um caráter ainda mais espetacular, fazer dela um instrumento de denúncia capaz de derrubar a cortina da indiferença do mundo ocidental?

A campanha de indignação, que transbordou os limites do circuito profissional, exerceu pressão em escala insuportável, levando Carter ao suicídio.

Inspirada no pequeno texto do professor e pesquisador Alex Ratts, publicado em seu blog e no Facebook, reproduzo a sua oportuna pergunta: "o que fazer diante da imagem do corpo negro e travesti torturado e aviltado? de um corpo feminino ou indígena morto e com sinais de violência? divulgá-la no intuito de confrontar ou sensibilizar?"

A pergunta de Ratts, um guia, entre vários trajetos possíveis, para a reflexão do caso em tela, comporta respostas de várias matizes. Assim, de chofre, arriscaria a responder que não devemos fazer nada diante da imagem porque não precisamos veiculá-la nos termos em que foi produzida, porque em consórcio com o horror e o abjeto. A opção pela não veiculação encontra fundamento em duas perspectivas que se entrecruzam. A primeira dela advém do patrimônio reflexivo alusivo à espetacularização e à inflação de imagens. De acordo com essa perspectiva, a publicidade desenfreada de imagens chocantes acaba caindo na vala comum do banal, sendo destituídas de sua singularidade, esvaziadas, pela lógica do espetáculo, de seus atributos específicos de onde devem emanar os sentidos que evoca. A superabundância desse tipo de imagem "invade, sem possibilidade de defesa, o olhar fascinado e o cérebro amolecido na multidão de consumidores democráticos de mercadorias e de imagens".

A segunda resposta se apoiaria em um argumento mais denso e poderoso. Mais do que pela saturação de imagens, a banalização do horror se dá por uma via ainda mais insidiosa: à exacerbação de corpos mutilados, torturados, trucidados soma-se o fato de que são corpos incapazes de nos "devolver o olhar que lhes dirigimos, corpos que são objeto de palavra sem terem a palavra", conforme avalia Rancière.

Discursos circulantes, imagens asfixiantes

Com a indignação que o caso merece, divulgamos à larga o corpo destituído de Verônica Molina, tivemos acesso a ele, o transformamos em significante que fala. Sem controle sobre os efeitos de sentido já pré-dados, "tornamos" Verônica "visível" em uma situação-limite, despossuída de sua condição de gente. Ainda segundo Rancière, o sistema de informação não funciona apenas pelo excesso de imagens, mas também pela seleção das pessoas que falam e raciocinam, que são "capazes de descriptar a vaga de informações referentes às multidões anônimas. A política dessas imagens consiste em nos ensinar que não é qualquer um que é capaz de ver e falar.

"Falada" pelo carcereiro, pelo delegado e por órgãos do Estado, Verônica Bolina não teve a chance nos devolver o olhar que lhes dirigimos. Fez uma declaração, ao que tudo indica, forçada nos muros da carceragem, afirmando que assumia integralmente a culpa pelo ocorrido, pois estava ensandecida. Disse ainda que não tinha sido torturada, violentada ou coisa parecida. O ocorrido (a violabilidade do seu corpo) foi um corretivo merecido pela sua fúria desmedida que resultou na mutilação da orelha do carcereiro. Ponto final. Só faltou dizer que estava no paraíso.

Independente dos fatos (Verônica foi presa por acusação de agressão a uma idosa), sobre os quais não vou me ater aqui, o que importa para este debate é tentarmos pensar na circulação de determinadas imagens que, na trilha de Ratts, nos leva, em nome de um compromisso, ao horror.

Ainda segundo Rancière, as imagens mudam nosso olhar quando não são antecipadas por seus sentidos e não antecipam seus efeitos. Até onde consegui ver, a circulação do corpo de Verônica Bolina, ainda que impulsionada pela indignação e pela tentativa de uma ação restauradora, antecipa um sentido e um efeito que vem se mostrando danoso para a constituição plena da humanidade de todas aquelas que são também Verônicas. O discurso da denúncia no campo imagético deve, obrigatoriamente, promover a mudança do olhar, muitas vezes acostumado a ver o mesmo (a desviante, a "travesti louca" que rouba, agride e não respeita a Lei) e a não se escandalizar com o comum e "normal" do mundo (as estratégias de coerção para conter as desviantes, as foras-da-lei, o espúrio da sociedade).

Sombrinha de Angélica e a pedagogia dos detalhes

O valor das pequenas coisas

Thomas Piketty, em *O capital do século XXI*, livro que vem mudando substantivamente as formas de explicar (e entender) economia, apoia-se no cinema e na literatura (minhas duas paixões) para demonstrar como se tecem as relações desiguais, as profundas assimetrias inerentes ao capitalismo. De acordo com Piketty, "incorreríamos em grave erro se subestimássemos a importância dos conhecimentos intuitivos que cada um desenvolve sobre a distribuição da renda e do patrimônio de sua época, mesmo na ausência de uma estrutura teórica de análises estatísticas".

Para o renomado autor, cinema e literatura, em particular os romances do século 19, carregam informações extremamente precisas sobre os padrões de vida e níveis de fortuna dos diferentes grupos sociais. Das estórias ficcionais de escritores mundialmente conhecidos, como Jane Austen e Balzac, o economista francês põe em cena a manifestação das desigualdades em escala abrangente, donde podemos concluir que Deus está no particular, mora nos detalhes, lembrando a expressão de Dostoiévski, para ficarmos no diapasão da literatura. O microcosmo, o pequeno quadro, pode ser revelador do grande quadro, de processos globalizantes.

Do grande ao pequeno quadro: sinais do tempo presente e pretérito

Um acontecimento insólito nessas últimas semanas foi alvo de contundentes comentários nas redes sociais, reverberando na imprensa. Trata-se de uma ocorrência que nos faz prestar atenção nos detalhes, assim como fez Piketty. Impedida de gravar cenas para o programa *Estrelas*, na UniRio, onde estudantes ressoaram o jargão "O povo não é bobo, abaixo a Rede Globo", Angélica foi flagrada sendo protegida do sol calcinante do Rio de Janeiro, aquele sol de juízo final, por uma sombrinha carregada por uma moça negra. A cena deu ocasião a paralelos com os tempos da escravidão, evocou as pinturas de Jean-Baptiste Debret. Do grande quadro – a expulsão da equipe do programa *Estrelas* da universidade, a imagem arranhada da Rede Globo – escorregou-se para o pequeno quadro, o "mísero detalhe", simbolizado pelo guarda-chuva e por quem o carrega.

O jornalista Tony Goes desdenhou a comparação e disse que só mesmo os radicais, os militantes do tribunal da internet, são capazes de bizarra analogia que provocou uma caça às bruxas desnecessária: "Ai que preguiça!", desabafa Goes. Para ele, qualquer pessoa que entende minimamente de produções dessa natureza sabe o quanto elas mobilizam um conjunto de aparatos que envolve cuidados minuciosos, principalmente quando se trata de "externas". As (os) artistas não podem suar, a maquiagem tem que permanecer impecável, os equipamentos precisam ser preservados. Pinçando do Facebook trecho de depoimento da atriz Mika Lins, em solidariedade à Angélica, o jornalista pretende fechar a questão sobre o episódio: "Não sou amiga da Angélica, mas não posso ser hipócrita: quando gravamos externa na Globo sempre tem uma equipe de produção que nos protege do sol ou da chuva enquanto esperamos para gravar. Isso para não derreter o *make* ou molhar cara, cabelo e figurino. Já tive alguém segurando a sombrinha para mim sem que essa pessoa estivesse em situação de humilhação e sem que eu a deixasse de tratar com respeito pela sua função exercida naquele momento. Segurando um guarda-chuva, me trazendo uma cadeira ou servindo um copo d´água".

Em tom professoral, o jornalista nos dá mais uma lição: nada de enxergar racismo, reedição da escravidão onde apenas há execução de uma tarefa absolutamente necessária, dentro dos parâmetros normais da legislação trabalhista. A moça que carregava a sombrinha não é criada, mucama, escrava, mas uma profissional da equipe de produção do programa global; tampouco a apresentadora não é sinhazinha ou dondoca mimada que precisa de uma subalterna para carregar o instrumento de proteção. Dadas as explicações, assim, de forma linear e simples, Goes deplora a comparação (rica em seu minimalismo), avaliada por ele como esdrúxula, coisa de quem não tem o que fazer.

Como profissional e docente da área, sabemos dos aparatos que qualquer filmagem mobiliza. O problema não está na necessidade do aparato, mas nos lugares hierarquicamente racializados que se repetem na acomodação dos profissionais que estão atrás e à frente das câmeras. Uma mirada a qualquer *backstage* (camarim, coxia, tudo o que está atrás do palco ou da cena) nos permitirá observar que o universo daqueles que cuidam de quem precisa se manter impecável nas telas é majoritariamente negro ou não-branco: contrarregras, costureiras, camareiras, maquiadoras cozinheiras, assistentes de câmeras...

É aí que o contra-ataque de Tony Goes revela sua fragilidade para seguir o detalhe, pois não consegue enxergar a reiteração dos corpos que carregam o guarda-sol e dos que sob ele se abrigam. Na observação e percepção do mundo vivo, pulsante, o jornalista não nota, nem de longe, os nexos que se articulam neste "flagrante". Isso, sim, dá preguiça. É nos rastros dessa repetição que podemos homologar analogias entre as imagens de agora, ilustrada na cena da gravação malograda do programa *Estrela*, e as do tempo pretérito, em que corpos de mulheres negras prestavam-se ao cuidado de mulheres e homens brancos.

Esses detalhes, "meros detalhes", são atravessados como cortina de fumaça pela estrutura midiática brasileira. Há alguns anos atrás, quando completou cem anos, *O Estado de S.Paulo*(OESP) fez uma homenagem aos seus colaboradores. Na efeméride, o jornal agradecia aos homens brancos que, com seu intelecto, foram responsáveis pela construção de um jornalismo sério; aos homens negros reconheceu seu papel no empréstimo de seus músculos para o bom funcionamento das rotativas. Que homens negros sejam vistos como coisas, somente músculos, fragmentados em sua corporeidade, isso é "mero detalhe".

Ao contrário do que pensa Tony Goes e muitos de seus colegas, essa monótona repetição nos convida a prestar atenção aos pormenores que tecem a vida presente como um *continuum* de um passado que não terminou, como disse o escritor americano William Faulkner.

Pedagogia dos detalhes: indícios para a imprensa

Nos sedimentos de um passado que insiste, incrustados nos detalhes, as constantes reguladoras da experiência escravocrata se mostram (quem cuida e quem é cuidado). Aprendemos que, para serem reconhecidos em sua importância social, os fatos devem passar pela verificação das regularidades, o que só é possível na diacronia das repetições. Os detalhes que se repetem são indício de algo que reclama por significação.

Não é à toa que atribuí à dinâmica dos detalhes um caráter pedagógico, pois considero que essas minúcias possuem uma diretriz orientadora de uma ação educativa, o que define a instituição pedagógica. Assim, a espacialidade do pedagógico dilata-se para além das fronteiras escolares na exata medida em que as formas de educar, de orientar para o mundo, se estabelecem nas práticas cotidianas diversas. Vem desse fundamento uma forte motivação para fazermos das pequenas coisas ou dos pequenos enunciados, como disse Foucault, um recurso importante para entendermos a tessitura do mundo vivido. Como vimos, alguns profissionais da imprensa preferem ver nos detalhes algo desprovido de valor para a construção dos acontecimentos.

Não é raro ouvirmos queixas de professoras (es) – da educação básica ao ensino superior – relativas à carência de materiais atualizados sobre a vinculação entre racismo e escravidão. Assim como alguns jornalistas, esses profissionais também parecem atravessar os detalhes sobre os quais tropeçamos no nosso dia a dia como cortina de fumaça.

No ano da Marcha de Mulheres Negras, que denuncia o racismo e defende o bem-viver como valor essencial, é preciso que estejamos atentas a esses detalhes que acabam por normatizar a presença desse grupo racial em lugares subalternizados, ratificando um modo de operação do racismo e limitando as múltiplas formas do bem viver por onde se afirma o sujeito de direitos, num país que se quer republicano. Assim como os romances do século 19, sobre os quais se apoia Thomas Piketty, a sombrinha de Angélica tem, sim, muito a nos "dizer", uma vez que apresenta algumas cintilações sobre o grande quadro em que se pinta a face da Nação.

Amor (Afro) centrado:
É possível falar nesses termos?

Estilo de vida: relações interpessoais

Quando a editora me fez saber que na minha semana de estreia no *Blogueiras Negras* o debate seria em torno do "amor afrocentrado", a minha reação imediata foi me abster de escrever sobre o tema, ainda que ele frequente, de maneira assídua, as preocupações políticas mais fundas e caras que me habitam. Pensei clamorosamente: Logo no meu debut, insurge-se um tema tão espinhoso, quanto inarredável. Oh, céus!

Certas ordens de inquietação foram definitivas para meu espanto e recuo momentâneos: inegavelmente, falar de amor, como categoria que nos humaniza e põe a nu as balizas políticas com as quais nos pomos no mundo, é tarefa que não se efetiva sem incômodos conceituais, subjetivos e políticos. Sou partidária da ideia de que deve-se abrir brechas em uma nuvem de pensamento demasiada densa e tentar dissipar obstáculos que esfumam categorias imprescindíveis para pensarmos amplamente no amor e, com tanto mais razão, no assim denominado amor afrocentrado.

Arrefecido o receio de falar sobre o assunto, vasculhei os possíveis ângulos de exploração da minha escrita, dimensionei a complexidade que envolve o tema, aferri-me em encontrar um fio condutor que pudesse atrair as questões que abarcam esse tópico. Para ser acaciana, principiemos pelo começo. Inescapavelmente, alguns questionamentos se impõem: É apropriado falarmos em amor afrocentrado? Quando evocamos o termo, o que essa adjetivação suscita? De que variável de amor se trata? A expressão concerne a relacionamentos entre iguais, ou seja, entre mulheres e homens negros (uma advertência ao/à leitor (a): não estou pensando aqui apenas nos casos heteronormativos; homens e mulheres aqui designam também relacionamentos homoafetivos)? Corresponde a uma perspectiva, a uma cosmovisão que orientaria as práticas amorosas e que fundaria uma ética dos relacionamentos, do cuidado de si e dos outros?

Normalmente, a assunção do termo afrocentrado para qualificar o amor encontra lugar, de um lado, na contraposição às visões universalistas que não alcançam os efeitos perversos do racismo e nas formas que ele opera nos modos de subjetivação e, de outro, na impossibilidade de legitimar práticas que estão fora do catálogo ocidental que nos dita o modus vivendi. A dita era pós-moderna ou da modernidade líquida nos impulsiona a reposicionar as discussões em torno do amor, num mundo, como diria o sociólogo Zigmunt Bauman, "repleto de sinais confusos, propenso a mudar com rapidez e de modo imprevisível, que se mostra fatal para nossa capacidade de amar – seja esse amor direcionado ao próximo, nossos/as parceiros/as ou nós mesmos/as".

A propósito, a perspectiva afrocentrada trava embate discursivo com a matriz eurocêntrica, pródiga em não reconhecer saberes e fazeres de outras civilizações. Quando o faz, é pelo viés do rebaixamento. Os afrocentristas confrontam as teorias que relegam a África e os africanos às bordas do conhecimento. Muitas tintas foram gastas para demonstrar que o afrocentrismo constitui, ao fim e ao cabo, uma outra forma de dominação por postular a centralidade que condena em outras culturas. Ao contrário, a proposta é deslocar o centro da gravidade da geopolítica para outros lugares do planeta, onde também se produz conhecimento, epistemologia, civilização, política. É dizer que o centro está em todo lugar. No rastro dessas considerações, o amor afrocentrado poderia, assim, ser visto como um contraponto às modalidades correntes do amor.

Mas eis a carga de tensão que o termo carrega: se o afrocentrismo vem servindo pedagogicamente para desarticular uma epistemologia calcada em princípios eurocêntricos, não sei se a tudo recobre para a reconstituição de nossa humanidade. Quer me parecer que esse deslocamento não se mostra suficiente para as reflexões atinentes ao amor e aos seus desdobramentos na população negra. Abrigar os desafios, as conquistas, as decisões políticas da escolha de parceiras/os negras/as no guarda-chuva do afrocentrismo parece-me uma tarefa arriscada e pouco producente.

Como se sabe, o amor sempre figurou como expediente importante na história da humanidade. Debates desenvolvidos às fronteiras da filosofia e ciência política, para ficarmos nas mais notabilizadas, disso dão testemunho. De Platão a Santo Agostinho, de Kiekegaard a Hannah Arendt, o assunto não cessa de nos interrogar. As narrativas sobre o amor, como tentativas, são sempre deficitárias, incompletas, posto que falam do inatingível, de uma parte inacessível que todos nós carregamos.

Amor como categoria política, como derivada das molduras do racismo e da escravidão

Do lugar que a gente vê, já que, como diz o adágio africano, "cada um vê o sol do meio dia da janela de sua casa", interessa-nos pôr em relevo reflexões direcionados a nós, pessoas negras. Refiro-me a autoras que fazem menção direta ou lateral ao tema em tela: bell hooks, Audre Lorde, Toni Morrison, Paulina Chiziane, Gislene Aparecida dos Santos, Lélia Gonzalez, Beatriz Nascimento, Sueli

Carneiro. Essas autoras, ainda que partam de lugares diferentes, tomam, como nexo importante para o debate, os efeitos da escravidão e do racismo, uma janela indispensável para avaliarmos como as nossas subjetividades são tecidas.

Em *Vivendo de amor*, hoje um clássico em nosso meio, bell hooks aponta de maneira singela, mas com profundidade, as formas de subalternidade que a escravidão nos legou, atingindo em cheio a plataforma dos afetos. Tornar-se capaz de amar é um imperativo para homens e mulheres negros, segundo hooks. De acordo com ela: "Não tem sido simples para as pessoas negras desse país entenderem o que é amar. M. Scott Peck define o amor como 'a vontade de se expandir para possibilitar o nosso próprio crescimento ou o crescimento de outra pessoa', sugerindo que o amor é ao mesmo tempo 'uma intenção e uma ação'. Expressamos amor através da união do sentimento e da ação. Se considerarmos a experiência do povo negro a partir dessa definição, é possível entender porque historicamente muitos se sentiram frustrados como amantes".

Considerando os efeitos nefastos da escravidão, podemos a partir dessa experiência trágica encontrar pistas que entrelaçam a nossa história no que concerne às formas de amar e ser amada/o. Ainda segundo bell hooks, "o sistema escravocrata e as divisões raciais criaram condições muito difíceis para que os negros nutrissem seu crescimento espiritual. Falo de condições difíceis, não impossíveis".

Eis os desafios para a constituição de laços afetivos entre as pessoas negras. Se, por um lado, reconhecemos que a escravidão e o racismo impactam diretamente em nossa intimidade, como ensina bell hooks e outras feministas negras, a exemplo da filósofa Sueli Carneiro, por outro, temos consciência do nosso papel de sujeitos para a mudança desse quadro que nos condiciona, mas não nos determina; nos limita, mas não nos impossibilita. Sermos sujeitos de nossa história afetiva exige o reconhecimento de nosso lugar na história (escravizados, vítimas do racismo), com o prioritário papel de revertermos os efeitos deletérios dos sistemas de dominação para que promovamos o verdadeiro reencontro com nossa humanidade, que é um reencontro com o outro, aquela/e com a/o qual nos vinculamos.

A não realização desta tarefa vem fazendo muitas/os de nós exercitarem a incapacidade de amar os/as iguais de maneira quase impulsiva. Esse problema nem de longe pode ser visto de forma essencialista, mas como uma plataforma política com a qual podemos alcançar a nossa integral emancipação (o termo afrocentrado aplicado ao amor pode, inadvertidamente, nos levar a um labirinto de confusões e provocar uma cascata de consequências indesejáveis).

Numa sociedade em que o machismo se conjuga com o racismo, o ônus que as mulheres negras carregam em torno dessa dinâmica é patente: múltiplas formas de abandono, violência física, psicológica e simbólica, incomunicabilidades, solidão. Trazer esses dramas à superfície do tecido social é muito mais do que simples lavagem de roupa suja, como diriam alguns; trata-se de converter essas recorrências em ação política que mobiliza categorias imprescindíveis, como ética, compromisso, dignidade e lealdade. Muitas de nós reagimos com altivez, interceptando as formas de relacionamento que mesmo entre os nossos nos apequena, e projetamos parcerias e vínculos que se interrogam constantemente sobre os lugares sociais e simbólicos que devemos ocupar numa relação amorosa. Trata-se também de uma espécie de convocação para que os homens negros operem correções de rota a fim de que os projetos de casais negros respondam a mudanças significativas no imaginário coletivo que nos informa sobre nós mesmos como subtraídos de amor e, portanto, incapazes de dar e recebê-lo.

O enfrentamento dessas espinhosas questões é um passo decisivo para experimentarmos as singularidades das nossas relações amorosas, sem cairmos em particularismos, tampouco em essencialismos. Reivindicarmos a nossa plena humanidade, sempre, é ação vital para que as decisões políticas em torno dos afetos e dos/as escolhas de parceiros/as seja um ato de resistência ao racismo e ao legado da escravidão. Tal decisão não pode se dar, contudo, às custas da perda da dignidade de cada um (a) e de todos (as). A dignidade, esta sim, deve nos orientar para que tal projeto não se converta em triste retórica política.

A beleza de Lupita Nyong'o e as bananas do Neymar: deslizamentos ou deslocamentos discursivos em torno do racismo?

> *"Nenhuma raça possui o monopólio
> da beleza, da inteligência, da força."*
> Aimé Césaire

A irrupção dos fatos

Decididamente, as notícias sobre o racismo no Brasil e no mundo vêm inflacionando o menu temático que orienta a cobertura da imprensa e os posts das redes sociais. Desde a infausta notícia da venda de crianças negras no Mercado Livre, em janeiro, uma mostra expressiva do racismo não para de nos interpelar. Enumeremos brevemente parte dela: jovens negros agrilhoados a postes, sistemáticas ofensas racistas nos estádios de futebol, o trágico assassinato de Cláudia da Silva Ferreira e do dançarino do programa "Esquenta", Douglas Rafael da Silva Pereira, o DG. O espraiamento desses fatos vem impressionando de tal modo que há quem enxergue na reiteração um forte indicativo de que o racismo vem se agudizando no tecido social brasileiro.

Nesse curso de "achacáveis" notícias, fomos surpreendidos com a escolha, pela revista "People", de Lupita Nyong'o para assumir o posto de mulher mais bonita do mundo, uma espécie de parêntese na cadência das tristes ocorrências. Um sem-número de fotos da beldade inundou, como um tsunami, as redes sociais. O mundo revelou maiúsculo espanto com o anúncio, que teve repercussão sísmica. Sobrevieram expressões de júbilo, de alegria contagiante, enunciados efusivos, interpelações mal-humoradas eivadas de racismo mal disfarçado, interpretações enviesadas... Nada mais, nada menos, trata-se da primeira mulher negra de pela escura, com traços incontestavelmente negros (cabelo, nariz, boca) a receber o título (ponho em relevo a pele escura e os traços porque Beyoncé e Hally Berry compõem a galeria das condecoradas).

Ainda embevecidos com o feito inédito de Lupita, tomamos ciência de que o jogador Daniel Alves, vítima de recidivo racismo nos estádios europeus, que encontra estímulo na certeza da impunidade, comeu uma banana arremessada em sua direção quando jogava, no último dia 27, pelo Barcelona. A atitude de Daniel Alves, perfeitamente compreensível para o momento, provocou, em um lapso de tempo relativamente curto, a criação da campanha "Somos todos macacos", com o jogador Neymar Jr. à frente, no papel de garoto-propaganda. A adesão da classe artística foi compacta e a reação de ativistas de combate ao racismo, imediata. Ao "Somos todos macacos" contrapôs-se o "Não somos macacos".

A essa altura, você, leitor (a) pode estar confabulando: Quais os fios subterrâneos que ligam a escolha da atriz-musa-cineasta-celebridade Lupita Nyong'o para o posto da mais bela do mundo à campanha que se quis solidária a Daniel Alves? Onde os caminhos desses episódios se bifurcam, quais os ângulos de análise que autorizam confluências? Antes de promover aproximações e distâncias entre eles, aos fatos.

Nascida no México, onde o pai lecionava à época de seu nascimento, Lupita viveu no Quênia até os 16 anos e retornou para o México para aprender espanhol, de onde seguiu para os EUA. Lá, se formou em estudos africanos e cinema no Hampshire College. Foi admitida na renomada escola de teatro de Yale, que conta com ex-alunos como Meryl Streep, Paul Newman, Sigourney Weaver e Elizabeth Banks. Recém-graduada (apenas três semanas), Lupita foi escolhida pelo diretor Steve McQueen para viver Patsey, em "12 anos de escravidão". Sua atuação magistral granjeou-lhe o Oscar de melhor atriz coadjuvante. Dez anos atrás, trabalhou como assistente de produção de Ralph Fiennes nas filmagens de "O Jardineiro Fiel", que foram realizadas muito perto de sua casa, em Nairobi.

O desejo de atuar acompanha a diva desde criança: "Foi quando eu crescia no Quênia. Eu me lembro que era muito pequena quando vi pela primeira vez "A Cor Púrpura". Talvez eu tivesse 9 anos e foi interessante enxergar mulheres como eu na tela. Oprah e Whoopi Goldberg trabalharam neste filme. Isso me deu a inspiração para pensar que talvez também pudesse fazer aquilo, apesar de saber da realidade do Quênia. Eu não acho que seria capaz de ter uma carreira se ficasse na África". Nesta passagem, Lupita já nos provê de pistas para avaliarmos como os processos de espelhamentos e referências são importantes para a afirmação de si.

Os empedernidos, cegos ao drama do racismo no Brasil e no mundo, objetam: mas por que tanto frisson em torno dessa soft news, de um acontecimento que mais interessa ao universo das celebridades, que pactua com as regras do consumo, reforçando-as? Em que isso, afinal, muda a condição socioeconômica de mulheres e homens negros no mundo?

Se optássemos por fazer atalhos na resposta a essas tolas perguntas, poderíamos recorrer ao "cumpade" Washington: "sabe de nada, inocente". Só mesmo quem não dimensiona a magnitude do racismo é capaz de levantar questionamentos dessa natureza, que revelam a profundidade de um pires. É a própria Lupita que fornece linhas de reflexão aos que se arvoram contra o simbolismo do pleito que a elevou à posição de mais bela do mundo. Em tom de desabafo, a atriz falou à revista "People" que nem sempre se sentiu bonita, pois na infância associava beleza à "pele clara e cabelos lisos". "Mas a minha mãe sempre disse que eu era linda e em certo momento comecei a acreditar nela", conta.

Como se sabe, uma das façanhas mais prodigiosas do racismo é justamente alimentar o sentimento de inferioridade de que Lupita se nutria (qualquer semelhança com crianças negras que passaram e passam por situação similar não é mera coincidência). O rebaixamento que o racismo provoca na vítima toca no coração daquilo que constitui a humanidade de cada um: subtrai de mulheres e homens negros, já na tenra idade, a possibilidade de serem parâmetros para sintetizar o universal; interdita corpos negros de se instituírem como ideais culturais. "Nenhuma raça possui o monopólio da beleza, da inteligência, da força". A frase de Aimé Césaire nos dá a régua e o compasso de como funciona a engrenagem que põe o racismo em funcionamento: determinar, desigualmente, a cota de humanidade de brancos e negros pela operação que designa o belo e o feio, o certo e o errado, o normal e o desviante, quem manda e obedece, os *winners* e o os *loosers*.

A assunção de uma mulher negra à condição de mais bonita do mundo contém, hipérboles à parte, força expressiva para quebrar o monopólio ao qual se referiu Césaire, para mexer nas entranhas do racismo, naquilo em que ele age eficaz e sorrateiramente. Com a imagem de Lupita estampada nas revistas, podemos, virtualmente, instaurar uma nova lógica nos processos de identificação.

Sem sombra de dúvidas, essa escolha aponta para o elo indissolúvel entre identificação e racismo, binômio essencial para mudança de parâmetros que permite a construção de vínculos, de laços que nos apaziguam na adesão aos ideais culturais. Na sociedade que se rege pelo a-mais-do-olhar, a sociedade escópica, em que fazemos constante uso das imagens para nos instituirmos, Lupita Nyong'o irrompe como um signo importante para a emergência de novos significantes, feito que a campanha "Somos todos macacos" parece não ter estatura para alcançar, como veremos linhas adiante.

Identificação e projeções do eu:
Lupita alarga as fronteiras dos ideais culturais

É da Psicanálise que extraímos o substrato que enlaça as identificações ao racismo. O psicanalista Jacques Lacan ensina que os processos de identificação têm como ação fundante o estágio do espelho, que começa aos seis meses de vida e vai até aos dois anos. De acordo com Lacan, a criança não teria, até então, a vivência do seu corpo como uma totalidade, percebendo-o como uma dispersão de partes separadas, por falta de coordenação motora e insuficiência cognitiva para compreender como ela vem ao mundo.

O corpo é um signo que não se encerra somente no biológico, mas o corpo virtual (corpo-imagem), marcado pelo significante (corpo-fala) e habitado pela libido (corpo-gozo). O olho, nosso primeiro aparelho de coordenação do espaço, começa a perceber, registrar e organizá-lo 'antecipadamente', ou seja, desde muito antes que o organismo possa se mobilizar e se deslocar fisicamente nesse campo, já que a organização do olhar precede o gesto e a palavra.

Abreviando vulgarmente, corpo e imagem têm, para Lacan, papel fundador na constituição do eu e na matriz simbólica do sujeito, definindo a identificação, nessa perspectiva, como "a transformação produzida no sujeito quando assume uma imagem". O renomado pesquisador George Herbert Mead também se perfila à teoria lacaniana quando afirma que o self não é inato, mas adquirido no processo de comunicação com os outros. À medida que absorvemos as perspectivas dos outros, passamos a nos perceber através dos olhos de terceiros.

Para Mead, uma forma particularmente poderosa pela qual a comunicação molda o self são as profecias autorrealizáveis – expectativas ou julgamentos sobre nós mesmos que concretizamos por meio das nossas ações. Trata-se de "outros significativos" que moldam a forma como vemos a nós mesmos. Esse impacto dos outros sobre nós nos faz aprender como eles nos veem e introjetemos as perspectivas deles. O sentimento de Lupita, de não se perceber como uma pessoa bonita, é um fantástico flagrante dessas profecias autorrealizáveis.

Assumir uma imagem, estar em acordo com essa imagem, que passa por convenções sociais em que está implicada a noção de beleza, é fundamental para o nosso apaziguamento conosco mesmo. A escolha de Lupita tem, assim, um papel primordial na reversão dos processos ruinosos de identificação da população negra. O germe da alteridade desponta aí. Ouvi de muitas mães e pais negros que seus filhos e filhas passaram a ter patente admiração pela atriz majestosa.

Aparentemente desconexos, há algo que aproxima a escolha de Lupita da campanha "Somos todos macacos". A princípio, a semelhança está no fato de ambos promoverem, pelo menos na intenção, imagens que possam abalar os alicerces do imaginário racista. Vimos que a escolha da "People" alcançou esse objetivo. O gesto de Daniel Alves mostrou-se oportuno, pois como assinalou uma reportagem da Folha de São Paulo (FSP), neutralizou o insulto, desconcertou o agressor e conseguiu, provisoriamente, inverter o sentido do símbolo. Embarcando no gesto de Daniel Alves, a campanha com o dístico "Somos todos macacos" foi exibida à larga com artistas comendo banana.

Articulistas de reconhecimento nacional, jornais de grande circulação, celebridades apressaram-se em validar a campanha. Para a "Folha de São Paulo", "seria, então, no campo das formas de expressão que o combate se leva a efeito. Gesto contra gesto, solidariedade contra particularismo, ironia contra estupidez: ainda que essa luta jamais tenha fim, é bom que seu lado mais inteligente tenha também as armas mais inteligentes a seu dispor".

De fato, é no campo das formas de expressão, portanto, no campo discursivo que tanto a escolha de Lupita quanto a famigerada campanha incidem. Ambas habitam o território dos signos, suscitando reflexões nas fronteiras dos significados e dos sentidos ou no atravessamento dessas fronteiras.

Porém, eis o problema que a extensão do gesto do jogador provocou. Como já diz o bom adágio popular, uma coisa é uma coisa, outra coisa é outra coisa: ao transpor a imagem da banana para uma campanha que teve projeção mundial, o problema que se queria combater voltou pela janela, depois de expulso pela porta. O regramento de sentidos que a palavra "macaco" contém, quando associado a pessoas negras, não possibilita deslocamentos discursivos capazes de instaurar uma outra história. Como disse a ministra Luiza Bairros, "essa imagem do macaco associada à pessoa negra é uma imagem muito poderosa. E se você assume essa imagem como válida, corre o risco também de reforçar o estereótipo. Eu entendo a campanha e a motivação da campanha, mas não é possível assegurar que ela tenha o sucesso necessário para reverter a representação negativa que a palavra 'macaco' tem quando associada à pessoa negra". O significante macaco carrega os traços que o passado vai acumulando no presente e que nunca chegam a desaparecer. A economia significante nos redireciona para o lugar da desumanização.

O mesmo fio que liga o anúncio da escolha da mulher mais bonita do mundo à campanha "Somos todos macacos" é aquele que, em outra ponta, os mantêm em distância atlântica. Ao escolher uma mulher negra de pele escura como a mais bonita do mundo, a Revista "People" inaugura um discurso que faz frente ao já cristalizado sobre o ideal de beleza; Lupita Nyong'o banha em nova luz o tema das identificações. As imagens da atriz nos diversos suportes de comunicação se mostram como ênfases necessárias para a refundação da história, pois, como bem lembrou Paul Ricoeur, toda configuração narrativa culmina em uma refiguração da experiência. Restabelece-se, com a atriz, as fronteiras do humano.

O mesmo pode ser dito em relação à infeliz campanha do "Somos todos macacos"? Evidentemente que não. Ainda que bem-intencionada, a campanha, nem remotamente, promove o papel restituidor da narrativa. Contrariamente, ao pinçar, do prodigioso imaginário, imagens que remetem ao macaco, a campanha reenvia homens e mulheres negros a sua condição de animais, destituindo o negro de sua humanidade. A paródia não consegue transpor o cômico que lhe dá suporte. Desprovido de valor de crítica, o anúncio nos enreda no lugar do não-ser, sem oferecer possibilidades de reconstrução de outro tempo discursivo. Podemos dizer que a campanha promove na cadeia significante apenas deslizamentos de signos, sem que eles tenham potência para se deslocar para outros sítios de sentido.

Deslizamentos ou deslocamentos discursivos?
É, de fato, aos dois estágios de produção e direcionamentos dos discursos (deslizamentos e deslocamentos) que os casos em tela correspondem. Na rede significante na qual tecemos as narrativas, podemos instalar novos modos de funcionamento do imaginário a partir de um deslocamento onde os sentidos ganham lugar. A campanha "Somos todos macacos", ainda que deslize na cadeia significante, como dissemos, permanece atada aos discursos fundadores que ligam macaco à população negra, pois são discursos que laboram como referência básica no imaginário constitutivo do racismo. O aparente deslocamento que ela promove sofre injunções à estabilização, bloqueando o movimento significante. "Nesse caso, o sentido não flui, o sujeito não se desloca. Ao invés de fazer um lugar para fazer sentido, ele é pego pelos lugares (dizeres) já estabelecidos, num imaginário em que sua memória não reverbera. Estaciona. Só repete" (Orlandi, 1999, p. 72).

Como é, então, que uma história se instaura a partir de deslocamentos discursivos? É possível construir outra memória narrativa das mulheres negras com a escolha de Lupita Nyong'o? A narração tem a qualidade de transpor um tempo para outro, o que nos conduz a pensar que o tempo discursivo em torno das representações da mulher negra na mídia ainda se vinculam a arquétipos cristalizados no passado. Mas, se como diz Pêcheux, não há ritual sem falhas, é possível a ruptura, a instauração de uma nova ordem de sentidos e o declínio do fixo, imutável, inalterável. A imagem de uma mulher negra estampada na capa de revista como "People" possibilita que aqueles discursos fundadores percam força de sentido em benefício de novos referenciais sobre a mulher negra.

Em *Black looks*, bell hooks sustenta, enfaticamente, que só um novo sistema de representações do negro e da mulher negra poderão livrá-los dos estigmas que os aprisionam em categorias desumanizantes. Alice Walker designa a questão como "prisões de imagens".

Como já me referi em outros momentos, em algumas autoras negras encontram-se chaves de compreensão para o viés redutor em que foram inseridas as mulheres negras. hooks considera que os estereótipos decantados por um imaginário racista e sexista sobre a mulher negra desde a escravidão impediram que ela fosse vista além do seu corpo, impondo-lhe papéis fixos que circulam recorrentemente e alimentam o sistema de dominação patriarcal e racista.

Ângela Davis parte do entendimento de que o estupro está na base da desumanização da mulher negra pelo homem branco, o seu proprietário, para além da escravidão. Lélia Gonzalez incorpora as categorias de mucama, da empregada doméstica e da mãe preta para, de uma ótica psicanalítica, avaliar como funciona engenhosamente o racismo brasileiro. Angela Gilliam também assinala a sexualização das mulheres negras como forma de controle social, o que define o seu papel e mantém o controle do imaginário sobre elas. No que diz respeito à mulher negra, as significações parecem ser regradas e, em grande medida, imutáveis.

Relembrando Alice Walker, só o aprisionamento de imagens é capaz de operar tal correlação perversa que, provavelmente, ressoa os efeitos de nossa história de dominação no dia a dia e colabora com nossa reconstrução cotidiana do que é (não) ser homem e mulher negros. É preciso intervir no já-dado e no já-dito e edificar, de forma multiperspectívica, outras representações desse grupo racial, liberando-o de suas prisões imagéticas. E certamente o brilho da estrela Lupita Nyong'o é um passo decisivo para a liberação de homens e mulheres negras dos signos que os sufocam. Por isso, é sempre bom enfatizar: "Não somos macacos".

Referências bibliográficas

HOOKS, Bell. *Black looks: race and representation*. New York: Routledge, 2015.

BORGES, Rosane, BORGES, Roberto Carlos da Silva. (Orgs.). *Mídia e racismo*. Petrópolis: DP et Alli, 2011.

LACAN, Jacques. *Escritos*. Rio de Janeiro: Zahar, 2002.

ORLANDI, Eni. *Análise de discurso: princípios e procedimentos*. São Paulo: Pontes, 1999.

Entre o indizível e o narrável: palavras possíveis para Yá Mukumbi, farol para as culturas negras

> *"É surpreendente que se tenha tão pouco a dizer justamente a respeito de acontecimentos tão extremos. A linguagem humana foi inventada para outros fins."*
> Ruth Klüger

Se não há lugar no simbólico, não vai existir narrativa capaz de recobrir os acontecimentos humanos, restando apenas as marcas indeléveis da experiência traumática. Os assassinatos de dona Vilma Santos de Oliveira, 66, a sempre querida Yá Mukumbi, de sua mãe, Alial de Oliveira dos Santos, 86, e neta, Olívia Santos de Oliveira, 10, em uma investida psicótica de um vizinho no último sábado, 3, em Londrina, é um desses terríveis episódios traumáticos que se alojam, além da capacidade de qualquer nomeação, das possibilidades de representação. As palavras resistem às tentativas de conferirmos sentido ao ocorrido e como toda experiência traumática, a perda brutal de Yá Mukumbi e de parte de sua família, deixam feridas abertas na memória coletiva e abrem um flanco para questionamentos irrespondíveis: Por que aconteceu? Por que elas? Como uma mulher da estatura de dona Vilma tem sua vida interrompida por um homem inteiramente tomado de surto psicótico, conforme atestou laudo médico? De onde vem desmedida loucura? Houve fundamento religioso no bárbaro ataque?

Acrescente-se à tragédia na casa de mãe Vilma, o fato de que minutos antes, o assassino cometera uma outra, matando a própria mãe, num forte prenúncio de que quando se mata a própria mãe tudo o mais é possível. Um crime só contra mulheres, velhas e novas, de quatro gerações, perpetrado por um homem em trajes menores de posse de uma faca.

Embora sucedam-se casos semelhantes ao ocorrido na Rua Olavo Bilac, no fatídico dia 3, o horror que cada história singular evoca é sempre sem par. Não existem parâmetros nem reincidências com os quais podemos nos apaziguar em termos narrativos. Comoção, perplexidade, dor, vazio, revolta, nos assaltam sem podermos sequer acomodar o luto, que parece se arrastar indefinidamente. O que nos resta, então, num "cenário de terra arrasada"?

Os estudos psicanalíticos nos ensinam que embora o trauma habite o campo do indizível, impõe-se a necessidade desse tecer uma *narrativa do depois*, um discurso que rearranje o que ficou *fora de lugar*, de se produzir *um efeito de tempo*, uma (res) significação do choque, a deflagração incontornável de um processo de reconstrução. Qual seria, então, a narrativa possível? Quais as possibilidades de representação do inominável?

A vida plena, a vida digna, a vida austera sem ser pesada, a vida terna, a vida leve, a vida lúdica, a vida comprometida, a vida engajada, a vida vivida de Yá Mukumbi – uma vida desproporcional ao seu desfecho – nos restitui a possibilidade de contar uma história e construir memória sobre ela, sua mãe e neta.

Mãe Vilma ou Yá Mukumby Alagangue, nome de origem quimbundo, movimentava-se sobre um largo espectro: zeladora do terreiro Ylê Axé Ogum Mege, militante histórica do movimento negro de Londrina, mulher altiva, integrante de fóruns e associações locais e nacionais, coordenadora do Conselho Municipal de Promoção da Igualdade Racial, cantora de estirpe, dona de uma voz altissonante, mãe de seis filhos, cozinheira de mão cheia, gestora cultural e política dos expedientes da população negra, convicta defensora das cotas raciais para jovens negros nas universidades públicas (protagonizou a implantação das cotas na Universidade Estadual de Londrina, em 2005, e manteve-se fiel à luta ao engrossar as fileiras pela manutenção desta política, em 2011), generoso ser humano, diuturnamente atenta àqueles que vivem nas franjas da sociedade, construiu um biografia sólida, sagrou-se pessoa extraordinária, sempre pôs-se acima do banal. A densidade e força que lhe eram peculiares renderam-lhe um livro "Yá Mukumbi: a vida de Vilma Santos de Oliveira", escrita por professores e estudantes da Universidade Estadual de Londrina (UEL), em 2010.

Do lugar em que via o mundo, a partir de múltiplos prismas, não abriu mão de princípios éticos e de justiça para combater o racismo, o sexismo e a intolerância religiosa. Do alto de sua sabedoria, sabia "converter" jovens para o combate contra a discriminação racial, ofertando a eles possibilidades de tecerem uma trajetória vinculada à ética, ao bem fazer e ao bem viver. Sempre pronta para as lides dos movimentos negros, deixava um lastro de esperança para aqueles que supunham estar tudo ou quase tudo perdido. Nunca se omitia frente às injustiças e problemas sociais e, habitualmente, se lançava de maneira proativa para equacionar os dramas de quem dela se aproxima. Crianças, para ela, era patrimônio de primeira linha; delas, costumava dizer, tínhamos o compromisso de cuidar. O abate de sua neta de dez anos confere à tragédia, por esses e outros motivos, uma carga ainda mais brutal.

Consagrada figura pública, Yá Mukumbi prestou serviço para o Estado brasileiro, fez sua voz ecoar no ambiente acadêmico, desarmou teorias caducas para pensar a sociedade, atraiu a atenção de figuras públicas, como Gilberto Gil, que lhe pediu artigo para uma publicação; mantinha vínculos afetivos com tantas outras, a exemplo de Dona Zica. Inegavelmente, esta mestra fincou raízes para substantivas mudanças sócio-rraciais, ampliou o escopo das culturas negras, protegeu e salvaguardou o patrimônio africano no Paraná, construiu fronteiras para a manutenção das manifestações artísticas orientadas pelo protagonismo do negro, sem, contudo, erguer delimitações, tampouco promover distinções e exclusões. Direta e indiretamente, reorientou as políticas públicas no campo da cultura e da religião.

A Fundação Cultural Palmares (FCP) prestou-lhe singela homenagem em 2008. Na época, como agora, sabia do alcance das práticas de Yá Mukumbi. Sente-se, como todos, imersa em uma experiência por ora dolorosa, em que o poder público se apequena com a perda de uma gestora cultural imprescindível. Mas acredita-se: no horizonte do possível, torna-se compromisso inadiável da FCP e outras instituições pinçar, do oceano de iniciativas de Yá Mukumbi, referências e práticas para a emancipação da sociedade, livre de racismos, sexismos, intolerância religiosa. Entre o irrepresentável da tragédia e o narrável da esperança, fiquemos com esta última possibilidade, virtude que mãe Vilma sempre nos legou e continuará assim fazendo.

Esta obra foi composta pela BR75 em Nofret Light (texto) e Fira Sans (títulos e subtítulos), impressa pela gráfica Renovagraf, sobre papel Offset 90g para a Editora Malê, em São Paulo, em novembro de 2016.